中国文化产业发展中政府角色定位研究

王文娟　付　敏◎著

中国戏剧出版社
CHINA THEATRE PRESS

图书在版编目（CIP）数据

中国文化产业发展中政府角色定位研究 / 王文娟，付敏著. — 北京 : 中国戏剧出版社，2016.8
ISBN 978-7-104-04423-9

Ⅰ. ①中… Ⅱ. ①王… ②付… Ⅲ. ①文化产业—产业发展—行政干预—研究—中国 Ⅳ. ①G124

中国版本图书馆CIP数据核字(2016)第210143号

中国文化产业发展中政府角色定位研究

责任编辑：武　云
项目统筹：李　静
责任印制：冯志强

出版发行：中国戏剧出版社
出 版 人：樊国宾
社　　址：北京市西城区天宁寺前街 2 号国家音乐产业基地 L 座
邮　　编：100055
网　　址：www.theatrebook.cn
电　　话：010-63381560（发行部）010-63385980（总编室）
传　　真：010-63383910（发行部）

读者服务：010-63387810
邮购地址：北京市西城区天宁寺前街 2 号国家音乐产业基地 L 座

印　　刷：北京鑫瑞兴印刷有限公司
开　　本：710mm×1000mm　1/16
印　　张：13.75
字　　数：260千字
版　　次：2016年8月　北京第1版第1次印刷
书　　号：ISBN 978-7-104-04423-9
定　　价：35.00元

目　录

前　言 …………………………………………………………… Ⅲ

第一章　导　论 …………………………………………………… 1

第一节　研究背景、目的和意义 ………………………………… 1

第二节　文献综述 ………………………………………………… 5

第三节　研究内容、方法和创新 ………………………………… 23

第二章　政府角色及相关理论 ………………………………… 29

第一节　政府角色 ………………………………………………… 29

第二节　政府角色相关理论 ……………………………………… 33

第三章　文化产业及相关理论 ………………………………… 49

第一节　文化产业 ………………………………………………… 49

第二节　文化产业相关理论 ……………………………………… 63

第四章　理论框架 ……………………………………………… 75

第一节　交易费用理论及其影响因素 …………………………… 75

第二节　基于交易费用分析的政府角色模型 …………………… 80

第三节　文化产业发展中的政府角色分析 ……………………… 93

第五章　国外文化产业发展中的政府角色分析…………………　97
第一节　国外文化产业发展模式及其特点 ………………………　97
第二节　国外文化产业发展中政府角色分析 ……………………　109
第三节　国外文化产业发展中政府角色对我国的启示 …………　117

第六章　我国文化产业发展中的政府角色及其实践探索……　122
第一节　我国文化产业的发展历程 ………………………………　122
第二节　我国文化产业发展中的政府角色及其实践 ……………　143
第三节　我国文化产业发展中政府角色的利弊分析 ……………　165

第七章　我国文化产业发展中的政府角色定位…………………　173
第一节　转变传统观念，树立科学政府角色理念 ………………　173
第二节　基于交易费用，准确选择政府角色定位 ………………　179

结　语……………………………………………………………　191
参考文献…………………………………………………………　195
后　记……………………………………………………………　209

前　言

从霍克海默和阿道尔诺对“文化工业”的批判观点，到伯明翰学院派对“大众文化”的宽容态度，再到20世纪末美国应用文化产业理论的蓬勃发展，可见人们对于文化产业的认识始终处于变化发展的过程。但不可否认的是，进入新世纪以来，文化产业逐渐成为各国政府的关注焦点。因为它具有很强的波及效应和关联作用，有利于促进产业结构优化升级，推动国民经济健康发展；它还拥有鲜明的政治属性、社会属性、文化属性，能够在维护意识形态、稳定社会秩序、提升国民素质等方面发挥重要作用。在这种发展趋势下，美国和英国愈发重视发展文化产业，不断提高其市场化和贸易化程度，俨然成为全球文化产业的“巨无霸”。日本、韩国、中国等亚洲国家也从经济危机中吸取教训，提出要将文化产业打造成为国家战略支柱产业，以调整国内产业结构，引领经济发展新动向。

在2000年，我国首次以官方文件形式使用“文化产业”的概念；在2009年，我国政府出台了《文化产业振兴规划》，明确提出将文化产业作为国家战略性产业；在2010年，我国提出推动文化产业成为国民经济支柱性产业，标志着我国文化产业发展迈上新台阶；在2015年，官方提出“一带一路”“互联网+”“供给侧结构性改革”等思想理念，为我国文化产业发展注入源源不断的活力。从官方正名到战略重点，仅有短短十余载，“大步迈进”却也是“步履维艰”。在这段历程中，我国文化产业取得了辉煌成就，文化产业增加值占国民GDP比重显著提高，在部分省份文化产业甚至发展成为当地的支柱产业。但是，接踵而来的还有一系列无法回避的复杂问题。随着我国文化市场逐渐发展成熟，政府这只“有形的手”是否还要伸出去？如果还要政府伸出手，应该伸到哪里去？应该伸多长管多宽？这也是本书将要研究和回答的问题：在我国文化产业发展过程中，政府应如何选择科学合理的角色定位，厘清自身与市场和社会之间的界限。

本书结合理论与实践进行分析，总结国外与国内经验，探讨文化产业发展中的政府角色定位。在理论层面上：一是基于政府角色相关理论，从新公共管理理论、新公共服务理论、多中心治理理论中汲取政策启示；二是基于文化产业相关理论，从法兰克福学派、英国文化学派、应用文化学派思想观点中探究发展规律；三是基于交易费用理论，建立文化产业发展中政府角色模型，根据市场签约交易的费用高低选择相应的政府角色和政策工具。在实践层面上：一是选取美国、日本、印度、法国等国家作为代表，借鉴国外政府发展文化产业的实践经验；二是回顾国内文化产业的发展历程，并选取电影产业进行实证分析，总结我国政府在文化产业领域的实践活动及其利弊作用。

其中，将交易费用理论应用到公共管理领域，作为文化产业发展中政府角色定位的分析框架，是本书的创新之处。笔者从探讨交易费用的影响因素出发，将威廉姆森提出的资产专用性、不确定性和交易频率三个影响因素，归纳为可竞争性和可度量性两大基本维度，并基于此对文化产品和服务进行连续划分，从而得到可竞争性和可度量性高、中、低三种文化产业类型。对于不同类型的文化产业，要选择最佳的制度安排以及相应情境下的政府角色，就必须遵循交易成本最小化的首要原则。因此，对于可竞争性和可度量性高的文化产业类型，应发挥市场配置资源的决定性作用，政府则应作为战略规划者和市场维护者；对于可竞争性和可度量性低的文化产业类型，仅靠市场提供存在不足，要求政府直接供给，积极推动第三部门参与；而对于可竞争性和可度量性中等的文化产业类型，需要政府扮演“协调者”角色，大力发展公私合作模式，推动市场和公共部门协同供给。

笔者希望会有更多读者阅读这本书，不仅包括文化产业领域的政策制定者、研究人员和学生，还包括对公共管理领域具有浓厚兴趣的人们。由于个人水平有限，书中若有不妥之处，敬请各位同仁、专家、学者批评指正。

王文娟　付　敏

2016年8月1日

第一章 导 论

第一节 研究背景、目的和意义

一、研究背景

随着经济全球化进程加快、信息技术发展迅速，文化产业俨然成为21世纪全球关注的焦点。因为它综合信息、传媒和文化三大热点，拥有人类社会持续发展所必需的资源、沟通和人文三大优势。[①] 大力发展文化产业，不仅有利于提高经济硬实力、优化产业结构、促进经济发展；而且有利于提升文化软实力、提高国民素质、加强精神文明建设，同时在国际舞台上展现民族文化的凝聚力和影响力。世界各国也逐渐认识到文化产业对于国家经济社会生活具有重大影响，纷纷提出要将文化产业打造成为支柱产业，并作为一项国家发展战略予以推行。1996年，日本政府提出了《21世纪文化立国方案》，标志着日本“文化立国”战略的正式确立。1999年，韩国政府颁布了《文化产业振兴基本法》，提出要将文化产业作为国家战略性产业。在2008年和2009年，英国政府也分别提出“创意英国”和“数字英国”的文化产业发展战略。

21世纪以来，我国也紧随时代发展潮流，大力推进文化产业改革，谱

① 熊澄宇：《世界文化产业研究》，清华大学出版社2012年版，第1页。

写文化产业大发展大繁荣的新篇章。2000 年，在《中共中央关于制定国民经济和社会发展第十个五年规划的建议》中首次为“文化产业”正名，以国家官方文件的形式使用“文化产业”这一概念。2009 年，党的十七大公布《文化产业振兴规划》，明确提出要将文化产业作为国家战略性产业，发挥其在调整结构、扩大内需、增加就业、推动发展等方面的重要作用。2010 年，在《中共中央关于制定国民经济和社会发展第十二个五年规划的建议》中，进一步提出“推动文化产业成为国民经济支柱性产业”，标志着我国文化产业发展迈上新台阶。步入 2015 年，我国经济发展出现新常态的特征，“一带一路”“互联网 +”“供给侧”的热潮袭来，这将为文化产业发展带来新的机遇和挑战。在短短十余年时间内，我国文化产业经历了官方正名、国家战略性产业、国家支柱性产业的发展阶段。同时，该过程也体现了我国文化产业战略地位不断提高的发展趋势。

回顾近年来我国文化产业的发展历程，既获得辉煌成绩，也存在某些不足。根据国际惯例：一般来说，如果文化产业在一个国家产生价值占国民生产总值的 5% 以上，那么文化产业将成为支柱性产业。从全国来看，我国文化产业增加值占国民 GDP 比重不断提高，由 2004 年的 2.15% 增加到 2014 年的 4% 左右。[①] 从地方来看，部分省份凭借文化资源优势和良好的市场环境、政策环境，如北京、上海、浙江、广东等，其文化产业早已发展壮大成为当地的支柱产业。但是，我国文化产业发展也出现诸多问题，尤其是发展不平衡和发展同质化的问题。其中，文化产业发展不平衡主要体现为东部领先、中部追赶、西部快跑的阶梯发展态势。尽管在部分地区文化产业已经发展成为支柱性产业，但是，中西部的大多数地区由于创新不足、资金有限、管理不力等原因，文化产业发展水平与前者相比差距悬

① 高书生：《十年见证文化产业腾飞》，《光明日报》2015 年 2 月 12 日第 14 版。

殊，远远没有达到文化产业占该地 GDP 的 5% 以上的标准。而发展同质化问题主要体现为地方普遍存在盲目模仿和重复建设的现象，这导致各地区文化产业出现“一刀切”、齐步走的格局，缺乏应有的文化创意和地方特色。

基于文化产业对于社会经济生活的重要地位，以及我国文化产业发展过程中存在的诸多问题，许多学者都提出必须遵循文化产业发展的客观规律，适应社会主义市场经济的内在要求，并强调政府应该作为重要的参与主体，要求选择正确的角色定位。迈克尔·波特从产业发展和国家竞争优势的角度出发，提出政府必须为文化企业竞争提供资源，为文化产业发展创造环境，以降低外部成本。[①] 厉以宁从文化市场资源配置的角度出发，认为市场调节、政府调节和道德调节必须相互协调，其中政府作用主要体现在战略指导、市场监管、法律规范方面。[②] 夏书章从我国政府职能的角度出发，认为政府积极推动文化产业发展，也是政府行使职能的内在要求和具体表现。[③] 然而，我国政府在实践过程中往往缺乏科学合理的角色定位，导致错位、越位、缺位等问题普遍存在，严重制约文化产业的健康发展。例如，政府“管”“办”不分，介入经营性文化市场，限制民间资本进入文化领域，干预文化企业的生产资源配置等。

因此，必须重新审视政府在文化产业发展中的角色定位。政府履行何种职能，扮演何种角色，是其对文化产业进行引导、管理、调节的出发点。而政府角色定位是否准确，将决定政府能否有效履行文化职能和发挥调节作用，能否大力推动我国文化产业发展繁荣。

---

① [美]迈克尔·波特：《国家竞争优势》，李明轩等译，中信出版社 2012 年第 2 版，第 113—115 页。

② 厉以宁：《文化产业发展中的若干问题》，2015 年 4 月，人民网（http://culture.people.com.cn/n/2015/0408/c87423-26815258.html）。

③ 夏书章：《行政管理学》，中山大学出版社 2008 年第 4 版，第 57 页。

二、研究目的

（一）探究文化产业发展与政府角色定位相结合的必要性

通过对文化产业和政府角色的基本概念进行梳理，并对文化产业和政府角色的相关理论进行规范研究，探究文化产业发展规律与政府职能之间的内在联系，分析文化产业与政府角色相互结合的必要性。

（二）探究我国文化产业发展中的政府角色及其利弊作用

首先，通过回顾我国文化产业发展历程，总结和归纳不同阶段的政府角色和政府实践。另外，通过选取电影产业作为代表进行实证分析，探讨我国电影产业发展中政府角色的积极作用和消极作用。

（三）为我国文化产业发展中的政府角色定位提供政策建议

一方面，基于交易费用理论，构建文化产业发展中政府进行角色定位的分析框架，并将其作为提出建议的重要基础。另一方面，通过实证研究和比较研究，总结我国文化产业发展中政府实践的经验教训，同时借鉴国外政府推动文化产业发展的成功经验，为我国文化产业发展中的政府角色提供可行建议。

三、研究意义

（一）理论意义

本书将交易费用理论作为理论基础，构建文化产业发展中政府如何选择角色定位的分析框架，以分析文化产业发展与政府角色定位的关系。其理论意义主要表现在两方面：一是基于交易费用理论，探究文化产业发展中衡量政府行为的界限或区间的理论依据；二是设计新的理论框架，为文化产业发展中的政府角色定位提供新的评价标准。

（二）实践意义

本书将分析我国文化产业发展历程中的政府角色及其利弊作用，并总结和借鉴国外政府在文化产业发展过程中的实践经验。其实践意义主要表现在两方面：一是探究国内外政府在文化产业发展过程中所扮演的角色，并分析政府角色的积极作用和消极作用；二是通过吸取和借鉴国内外政府角色的教训和经验，为我国文化产业发展中政府角色的调整提供建议。

第二节 文献综述

一、关于文化产业属性及特征的研究

（一）关于文化产业属性的研究

诸多学者对文化产业的属性进行研究，尤其强调文化产业的双重属性。虽然这些学者没有直接研究文化产业发展中的政府角色问题，但是他们从文化产业所具有的属性出发，针对政府部门提出相关建议。

周鸿铎通过传播媒介的二重性透视了文化产业的二重性，强调文化产业在市场经济体制之下兼具意识形态属性和产业商品属性。[①] 吴锡俊基于文化产业的二重性，提出文化产业具有社会效益属性和经济效益属性。其中，社会效用属性主要表现为提供社会共同行为规则、保障公民基本文化权益、

① 周鸿铎：《传媒经济导论》，经济管理出版社 2003 年版，第 18 页。

反映利益集团利益诉求；而经济效益属性主要表现为文化的资本属性，以及价格对文化资源配置的基础性作用。[①]张曾芳立足于文化产品的商品属性和社会属性，提出政府调控文化产业必须以商品价值规律和社会价值规律为依据，以实现商品价值和社会价值的最大化为目的，并为文化产业的良性发展提供了对策性建议：一是转变和优化文化产业调控职能，努力为文化商品价值规律发挥作用，创造必备的外部条件；二是充分发挥文化产业社会价值规律的自觉性优势，致力于弥补和修正文化商品价值规律的自发性缺陷。[②]孙建成认为文化产业兼具精神属性和市场属性，但是我国文化产业发展过程中存在重视精神属性、忽视市场属性的问题，对于文化产业两大属性及其辩证关系的认识尚且不足，直接导致文化市场准入障碍过多，使得社会资本缺乏参与渠道，加剧资本要素在文化产业发展中的稀缺程度。必须转变政府文化管理职能，建立强有力的宏观调控机制，实现政府由“办”文化向“管”文化转变，由直接管理向间接管理转变。[③]

（二）关于文化产业特征的研究

诸多学者通过比较文化产业与其他产业，进而突出文化产业的特殊性，并基于此提出促进文化产业发展的相关建议。赵力平认为文化产业的特殊性主要表现在：它是以原创性的精神活动为根本，以文化产品的生产、营销及服务为内容。[④]荣跃明提出文化产业既包括制造产业的一般特征，即产品可以大批量复制；也包括自身的核心特征，即文化产品及其内容具有创新性，尤其是在生产能力提高、产品复制容易的情况下。[⑤]张亚东也认

① 吴锡俊：《文化产业政策设计与政府职能转变》，北京联合出版公司2014年版，第7—9页。
② 张曾芳、张龙平：《论文化产业及其运作规律》，《中国社会科学》2002年第2期。
③ 孙建成：《文化产业的特征与我国文化产业的发展》，《齐鲁学刊》2008年第5期。
④ 赵力平：《文化产业特征、功能》，《中共杭州市委党校学报》2002年第4期。
⑤ 荣跃明：《文化产业：形态演变、产业基础和时代特征》，《社会科学》2005年第9期。

为文化产品和文化服务具有特殊性。例如：文化产品在生产过程中具有创造性和精神性，文化服务在消费过程中具有无形性和及时性。因此，发展文化产业必须对文化产业进行准确的市场定位，并不断提高其市场化、国际化、产业化、社会化、组织化的程度。[①] 左惠从文化产品的经济属性出发，提出文化产品的特殊性在于其外部性。所以，政府应当基于外部性特征，有效提供文化产品和服务，科学制定文化产业政策，合理界定市场作用和政府干预的边界。[②] 赖丹则认为文化产业具有意识形态和经济生产双重属性，这体现了文化产业自身的特殊性，而且政府尤其需要对文化产业社会效益和经济效益的统一予以重视。[③]

还有部分学者从产业形态、产品特点、精神功能等角度出发，对文化产业的特征进行分析。李岫认为文化产业具有三个特征：第一，规模化和系统化，涵盖商业化的生产、流通、销售等各个环节；第二，文化产品本质上属于信息产品，是信息流形式的终端产品；第三，因满足人们的精神需求而存在，并随着人们精神生活的有效需求增长而不断发展。[④] 李彪主要针对文化产业的产业形态，提出文化产业具有共生性和包容性，是文化的产业化与产业的文化化的有机统一。[⑤] 蔡尚伟从经济学角度考虑文化产业的产业形态，认为文化产业具有边际效用递增、利润弹性大、风险程度高的特点。[⑥] 周国梁基于文化产品和文化消费的特点，提出文化产业具有以下特征：一是高风险性，即消费者对文化产品的评价具有较强的主观性，文化产品的需求具有较强的选择性和随机性；二是高收入弹性，即文化需求属于高层次需求，文化产品是非必需品；三是高行业关联性，即文化产

① 张亚东：《论文化产业的特殊性及市场定位》，《枣庄学院学报》2005 年第 4 期。
② 左惠：《文化产品的外部性特征剖析》，《生产力研究》2009 年第 7 期。
③ 赖丹：《文化产业的特征与功能探析》，《科技广场》2009 年第 10 期。
④ 李岫：《文化产业的概念、特征与层次》，《科学社会主义》2014 年第 2 期。
⑤ 李彪：《文化产业概念的演变及其基本特征分析》，《湖南科技学院学报》2009 年第 9 期。
⑥ 蔡尚伟：《文化产业导论》，复旦大学出版社 2006 年版，第 116—117 页。

品的生产具有较强的前后影响力和旁侧影响力。① 理查德 · E. 凯夫斯主要根据文化产品的特点，归纳出文化产业的七大特征：产品具有需求的不确定性；产业的创意者十分关注自己的产品；产品是多要素产品，其完成需要多种技能；产品特别关注自身的独特性和差异性；产品注重纵向区分的技巧；时间因素对于产品的传播销售具有重大意义；产品具有存续的持久性与营利的长期性。②

二、关于我国文化产业发展现状及趋势的研究

（一）关于我国文化产业发展现状的研究

关于我国文化产业的发展现状，学者普遍认为：我国文化产业发展既取得了辉煌成就，同时也存在某些制约因素。高书生通过实证研究，概括我国文化产业发展的总体状况：第一，文化产业种类丰富；第二，文化产业"内容"和"渠道"并重；第三，文化产业发展离不开国民经济体系支撑，如文化装备制造和文化消费终端制造。③ 王晓红认为我国文化产业呈现良好的发展态势，主要体现为战略地位日益突出、聚集效应明显提高、国际地位显著增强等，但是也存在文化创意企业规模小、产业发展趋同化严重、企业融资难问题突出等诸多困境。④ 张雪峰提出我国文化产业发展的突出现状，是消费需求旺盛和有效供给不足之间存在矛盾，而且主要体现为生产能力不足的总量矛盾和布局结构不合理的结构矛盾。⑤ 王颖基于我国文化产业发展现状，总结出文化产业发展面临的主要问题：文化资源丰

① 周国梁：《美国文化产业集群发展研究》，博士学位论文，吉林大学，2010 年，第 35—36 页。
② [美] 理查德 · E. 凯夫斯：《创意产业经济学——艺术的商业之道》，孙绯译，新华出版社 2004 年版，第 4—11 页。
③ 高书生：《我国文化产业发展的总体状况和主要特征》，《经济与管理》2015 年第 3 期。
④ 王晓红：《我国文化创意产业发展现状及思路》，《时代经贸》2012 年第 2 期。
⑤ 张雪峰：《我国文化产业的现状与发展策略选择》，《现代财经——天津财经大学学报》2002 年第 8 期。

富而开发不足；文化产业结构性矛盾和体制性障碍依然突出；文化产业政策的制定和文化体制机制的改革滞后，造成文化产业发展的无序化状态。①杜智民综合考虑外部环境和内部问题，分析我国文化产业发展存在的问题。其中，外部环境包括整体发展存在不平衡、产业政策体系不健全、法律法规建设相对滞后等；内部问题包括缺乏创新的机制和理念、文化产业人才严重不足、技术更新速度较慢等。②

另外，还有学者对我国文化产业发展的主要特征进行分析和总结。孙春波将我国文化产业发展的特点归纳为：一是文化产业领域具有包容性，即不仅包容了以物质资本、经济资本为运转方式的传统产业，还拓展了以智力资本、文化资本、数字资本为运营方式的信息文化产业；二是文化产业的生产方式与消费方式呈现出全球性和地方性；三是文化产业发展势态呈现出创新性；四是文化产业未来形势呈现出风险性；五是文化产业传播方式呈现出霸权性。③祁述裕则认为我国文化产业发展具有以下特点：第一，文化体制改革和文化产业发展正在重演以“增量改革”为重点的路径，民间资本和民营企业成为推动文化产业发展的重要力量；第二，高新技术不仅带来新兴文化产业的兴起，还成为推动传统文化产业优化升级的重要动力；第三，逐渐形成横向型、纵向型、复合型等多种形态的产业链，实现文化产业可持续发展；第四，文化产业的边缘要素逐渐向核心要素转化，而且边缘要素与核心要素之间的界限逐渐模糊和淡化；第五，随着我国对外开放的不断发展，我国文化产品逐渐进入国际高端文化市场，成为推动我国文化产业机构调整的重要驱动力。④

---

① 王颖、王登凯：《我国文化产业发展存在的问题及应对策略》，《改革与战略》2008 年第 1 期。

② 杜智民、雷晓康：《我国文化产业发展的困境分析及战略应对》，《中国行政管理》2010 年第 6 期。

③ 孙春波：《论我国文化市场与文化产业的互动发展》，《齐鲁艺苑》2005 年第 1 期。

④ 祁述裕：《我国文化产业发展的几个重要特点》，《山东社会科学》2009 年第 2 期。

（二）关于我国文化产业发展趋势的研究

对于我国文化产业的发展趋势，学者普遍表示积极和肯定的态度。郭全中认为我国文化产业具有四大发展趋势，即国际化、融合化、协同化、特色化。①张珂鸣从产业形态和发展方式的角度出发，提出我国文化产业呈现出由传统业态向新兴业态转变、由数量规模型向质量效益型转变的发展趋势。②胡惠林基于国民经济、法治建设、文化安全、区域管理等宏观视角，对我国文化产业的发展趋势进行分析：第一，文化产业为转变经济发展方式提供新的战略选择，同时版权产业将发展成为文化产业的核心和主流；第二，文化产业为文化法律建设、文化民主建设提供契机，并随着文化产业市场准入开放逐渐实现制度化；第三，文化产业对国家文化安全提出新要求，由于我国文化市场不断开放，加强国家文化安全管理显得更为重要；第四，文化产业对区域发展带来冲击和挑战，在区域文化产业发展不平衡的背景，传统的文化产业发展模式和管理体制将面对更加严峻的挑战。③

还有学者专门对“十三五”时期我国文化产业的发展趋势进行研究。来有为等学者通过分析我国文化产业发展的主要特征，总结出我国文化产业的发展趋势：第一，随着居民消费逐渐由生存型、温饱型向小康型、享受型转变，文化消费将保持可持续性增长；第二，文化产业与相关产业的融合发展将不断深化，主要的融合领域为数字内容、智能终端、信息媒体、应用服务四个领域；第三，文化服务业在文化产业中所占比重将会明显提升，而文化制造业的发展速度将会相对放缓；第四，随着我国逐步进入经济发展新常态，文化产业由于其自身优势和特征，将成为国民经济的重要

① 赵姗：《如何用好文化产业发展专项资金》，《中国经济时报》2014 年 11 月 26 日第 10 版。
② 张珂鸣：《创新驱动发展战略背景下我国文化产业发展研究》，硕士学位论文，山东大学，2014 年，第 27—28 页。
③ 胡惠林：《当前我国文化产业发展的特点与趋势》，《开发研究》2006 年第 1 期。

增长点。[①]王小佳认为，在全球化和信息化的时代背景下，我国政府提出“互联网+”和“一带一路”的政策理念，促使我国文化产业呈现互联互通的新趋势。第一，文化生产跨界化。文化资源的跨时空整合、文化人才的跨领域聚合、文化元素的多样化重组更为便捷和可能。第二，服务平台信息化。信息技术的全方位渗透和大数据处理能力的全方位应用，为文化产业发展提供了崭新的支撑平台和服务形式。第三，科技研发迭代化。全球的文化企业都在不断地迭代更新，大量整合新的科技创新资源，形成一个可持续化的迭代生态系统。第四，文化消费体验化。新技术的应用极大地推动了全新个性化体验形式的出现，使得消费者角色从一个被动接受者，成为主动感受者、体验者，甚至是参与文化生产的创造者。第五，文化产品虚拟化。在大众媒介和新媒体营造的仿真社会下，无形的文化产品能够以前所未有的方式快速传播，在契合大众消费心理的同时引发新的消费热点。第六，文化贸易国际化。随着中国经济的持续发展和国际地位的明显提升，我国“文化走出去”的步伐不断加快。[②]

三、关于我国文化产业发展战略及政策的研究

（一）关于我国文化产业发展战略的研究

诸多学者对我国文化产业发展战略进行宏观研究，并且对我国文化产业发展战略核心进行深入探讨。胡惠林基于国家利益和文化安全的角度，认为文化发展战略确实应将国家利益作为最高利益，以此为前提条件才能

---

① 来有为、黄斌、张晓路：《我国文化产业的发展特征与“十三五”期间的发展趋势》，《发展研究》2016年第1期。

② 王小佳：《“十三五”时期文化产业发展的机遇、趋势与对策》，《太原日报》2016年3月17日第7版。

创意信息数字交易港”，必将是未来文化产业集群发展的高级形式和崭新模式。[①] 童泽望等学者基于“钻石理论”模型探讨如何提升产业集群竞争力，提出要在发挥产业集群比较优势的基础上，加强本地合作，吸引外部跨国公司的投资，建立区内企业间的人文关系网络，并培育良好的创新氛围。[②] 盖宏伟则对文化产业集群的治理现状进行研究，发现目前文化产业集群治理过程存在诸多问题，例如，网络治理机制不完善、行业协会协调沟通能力不足、行政分权机制不健全等，并针对政府层面、企业层面、行业协会层面、社会层面和科研机构层面提出相关建议。[③]

3. 文化产业区域发展战略

关于文化产业区域发展模式，韩美群对当代西方文化产业区域发展战略进行分析，总结出四种具有代表性的发展模式，即资源优势模式、资本技术模式、整合集约模式和非均衡发展模式。[④] 陈少峰则将国内外文化产业的区域发展模式系统地归纳为十种，包括战略先导型、品牌号召型、活动经济型、附加值提升型、产业链的产业集聚型、多点开花型、新媒体参与型、以文化氛围为龙头的综合娱乐型、项目带动型以及综合项目型。[⑤] 另外，关于如何推倒文化产业区域发展战略，张晓明提出：由于我国不同地区处于不同的发展阶段，具有不同的发展需求和优势，不应该做“趋同化”的简单处理。他进一步将我国划分为三大版块地区，并提出针对性的发展建议：第一版块地区应该适应从文化产业向内容产业发展的需要，全面开放市场，制定基于市场的发展战略；第二版块地区应该适应从商业文化向文化产业发展的需要，在政府强力主导下开放市场，拓展文化产业；第三

---

① 詹成大：《文化产业集群及其发展模式》，《浙江经济》2009 年第 9 期。
② 童泽望、郭建平：《文化产业集群竞争力的提升路径研究》，《科技进步与对策》2008 年第 11 期。
③ 盖宏伟：《文化产业集群治理结构、机制与策略研究》，《湖北社会科学》2010 年第 10 期。
④ 韩美群：《当代西方文化产业区域发展模式评析》，《国外社会科学》2009 年第 6 期。
⑤ 陈少峰：《区域文化战略与文化产业模式创新》，《特区实践与理论》2006 年第 3 期。

版块地区应该适应从传统文化向商业文化和文化产业发展的需要，在政府大力扶持下逐渐开放市场。[①]郭永航通过借鉴美国和英国文化产业的区域发展战略，总结出四点启示：第一，战略制定和执行过程中涉及的主体多元化；第二，倡导全民参与文化建设，充分挖掘本地文化资源市场；第三，战略目标及具体战略措施应该明确详细，充分利用区域优势及特色；第四，加快区域中社区文化产业的发展，提高本地居民对本区域的身份认同感。[②]

（二）关于我国文化产业发展政策的研究

关于我国文化产业发展政策的研究，主要分为理论研究和实践研究两个领域。部分学者对文化产业政策的内涵进行研究，形成文化政策说、经济政策说、政策系统说等不同观点。胡惠林认为：文化产业政策是政府根据文化和国民经济发展要求，以及一定时期内文化产业发展的现状和变动趋势，以市场机制为基础，规划、引导和干预文化产业形成和发展的文化主张体系。[③]顾江则认为：文化产业政策是国家为指导和调节文化产业活动和经济利益所制定的规则和措施，是国家宏观经济政策在文化产业领域的具体体现，是国家间接管理文化产业的重要手段。[④]徐浩然等还提出：文化产业政策是一整套规范的政策系统，是国家在文化艺术、新闻出版、广播影视等相关领域实行的意识形态和行政管理上的一整套规范，由此来指导和调节文化活动和经济利益。[⑤]

另外，还有部分学者对我国文化产业发展政策现状进行研究，从主要内容、基本特征和存在问题等方面进行探讨。欧阳坚认为，促进我国文化

① 张晓明：《认识文化产业发展不平衡规律科学制定文化产业发展战略》，《理论与当代》2006年第1期。
② 郭永航：《国外区域文化产业发展战略对我国的启示》，《湖北社会科学》2009年第10期。
③ 胡慧林：《文化产业学》，高等教育出版社2006年版，第343页。
④ 顾江：《文化产业经济学》，南京大学出版社2007年版，第316—317页。
⑤ 徐浩然：《文化产业管理》，社会科学文献出版社2006年版，第91—92页。

产业发展的政策体系主要包括：第一，将文化产业纳入国家发展战略规划中，并逐步使之成为国家发展战略的重要组成部分；第二，坚持分类指导的原则，尽快启动文化体制改革，解放和发展文化生产力；第三，正确认识文化的双重属性，出台鼓励非公有制文化产业发展的具体措施；第四，制定文化产业主体培育政策，并制定鼓励我国文化产业“走出去”的具体政策；第五，制定文化产业发展的产业政策；第六，实施文化产业人才培养工程；第七，出台鼓励文化产业与工业化、信息化协调发展的政策；第九，出台培育和规范文化市场的政策。① 江凌对我国文化产业的具体政策进行分析和总结，提出我国文化产业政策主要包括：确立文化产业合法性和战略性地位政策、培育和规范文化市场政策、鼓励多种资本并存的文化产业市场准入政策、促进区域协调发展的文化产业区域布局政策、文化产业对外开放政策，等十类。② 陈少峰则基于对政策客体、政策性质、政策作用的分析，将我国的文化产业政策分为行业领域政策、扶持与奖励政策和对外政策三大基本类型。③

吴锡俊通过分析 2003 年我国文化体制改革试点以来颁布的文化产业政策，总结出我国文化产业政策体系的主要特征。第一，从政策管理体制来看，呈现出明显的分业管理特征和混合型组织框架，并在行业管理部门改制企业后，出现了一种新的叠合型管理结构。第二，从产业政策目标来看，呈现出强烈的阶段性和工具性特征，主要集中在通过文化产业发展来实现其他经济和社会目标。第三，从产业政策取向来看，具有以规范管理为主向扶持促进为主的转变特征，但互联网产业快速发展使政府有加强管理的趋势。第四，从产业政策效力结构来看，具有对位性和层次性特征。

---

① 欧阳坚：《文化产业政策与文化产业发展研究》，中国经济出版社 2011 年版，第 103—104 页。

② 江凌：《近十年中国文化产业政策的基本类型分析》，《江南大学学报》2012 年第 1 期。

③ 陈少峰：《中国文化产业十年》，金城出版社 2010 年版，第 27—33 页。

其中，对位性是指产业政策的管理层级和效力层级存在中央和地方上的一致性；层次性是指各级政府形成宏观政策、行业政策、关联政策的较为完整的政策结构。第五，从产业政策内容来看，具有以发展政策为主的广泛性特征。例如：以税收优惠为主的文化经济政策，以支持西部省份和民族地区为重点的结构布局政策，以开展技术研发为关键的技术提升政策等。①

江凌则通过国内外对比研究，总结出我国文化产业发展政策的基本特征：一是战略性，文化产业发展政策既包括宏观经济战略导向，还包括国家文化发展宏观战略导向，核心问题是对文化在国民经济和社会发展中的定位；二是综合性与系统性，文化产业发展政策不仅要考虑文化产业的经济属性，而且要考虑其政治属性和文化属性，不仅要考虑满足各行业需要的总体性政策，也要考虑体现不同行业的特点和规律的行业发展政策；三是政府管理与市场调控的兼容性，政府通过政策、法律、法规调控文化产业及文化市场，规划和管理文化产业发展方向和市场秩序，与市场主导和市场配置两者兼容。②

解学芳认为我国文化产业发展政策的问题在于制定和实施过程中的关联性偏差，主要表现为历时态文化产业政策存在非连续性、共时态文化产业政策出现离合现象、文化产业上位政策与下位政策不相一致。因此，就需矫正文化产业政策的非关联性，在遵循整体性原则和文化产业内在规律性的前提下，从纵向视角、横向视角以及结构视角出发，确保历时态文化产业政策的连续性，共时态文化产业政策的融合，以及上位政策与下位政策的动态一致。③ 祁述裕通过建立中国化产业国际竞争力评价指标体系，指出我国的“文化产业政策的科学性”“文化产业政策的透明度”“文化产业

① 吴锡俊：《文化产业政策设计与政府职能转变》，北京联合出版社2014年版，第76—80页。
② 江凌：《中外文化产业政策基本特征比较》，《福建论坛》（人文社会科学版）2010年第12期。
③ 解学芳：《我国文化产业政策的关联性偏差及矫正》，《长春市委党校学报》2008年第6期。

政策和法律健全性”等主观指标，在15个比较国家中评分最低。上述结果说明我国文化产业政策领域的问题主要在于法律不足、政策滞后、研究落后。[①]

杨吉华则将我国文化产业发展政策的问题概括为六个字：“缺”“弱”“变”“散”“乱”“粗”。所谓“缺”，就是政策缺失，主要表现为缺乏全国统一的文化产业政策、文化产业法制建设滞后且留有空白；所谓“弱”，就是政策扶持力度不够，主要表现为对国内本土产业保护力度不够、对文化产业弱质行业扶持力度偏弱；所谓“变”，就是政策多变，缺乏必要的稳定性，尤其是在某些新兴文化产业中；所谓“散”，就是政策重点不突出，针对性不强，各级政府部门缺乏具有前瞻性的文化产业发展规划，尤其是对文化产业结构布局缺乏研究；所谓“乱”，就是各部门间政策缺乏协调性，出现条块分割、多头管理、多头执法的管理弊端；所谓“粗”，就是政策规定过于原则，缺乏可操作性，没有明确具体的政策要求，将会导致缺乏科学合理的实施机制。[②]他还进一步提出完善文化产业政策的相关建议，要求全面把握文化产业的性质和地位，正确理解产业政策的作用和特征，不断深化对文化产业发展规律的认识，完善我国的文化产业决策体制，实现政策过程的科学化、民主化和法制化。[③]

四、关于我国文化产业发展中政府角色的研究

（一）关于我国文化产业发展中政府角色的普遍性研究

关于文化产业发展中政府角色的研究，部分学者基于文化产业自身的

---

① 祁述裕：《对提升我国文化产业竞争力的战略思考》，《中国经济时报》2004年8月16日。
② 杨吉华：《简析中国文化产业政策存在的问题与不足》，《武汉职业技术学院学报》2007年第3期。
③ 杨吉华：《完善我国文化产业政策的几点思考》，《黄山学院学报》2007年第2期。

属性和特征，说明文化市场配置资源的不足，进而强调政府行为存在的必要性。姚庆武、厉敏萍认为：文化产品的双重属性会导致经济效益和社会效益之间的矛盾难以协调，再加上文化市场可能会出现失灵的情况，所以政府角色在文化产业发展中具有重要作用。他们还对政府角色如何进行合理定位提出建议：第一，文化产业发展战略的规划者，根据文化产业的发展趋势、空间布局以及发展目标等进行前瞻性设计，引导文化产业健康有序发展；第二，公共服务的提供者，加强图书馆、科技馆、体育场等文化硬件设施建设，搭建公共文化产业信息服务平台；第三，良好环境的营造者，要求政府转变职能，推进文化体制改革，制定相应的财政优惠、减免税金、退税政策和文化产业发展基金政策等；第四，文化市场的监管者，一方面，要建立灵活的市场准入和退出机制；另一方面，要建立完善的法律法规制度和文化市场综合协调管理机构。[①②] 刘庆振则从产业特征的角度出发，指出文化产业初期具有投入大、风险高的特征，在资本周转率低、市场进入门槛高的情况下容易出现垄断。[③] 厉无畏还提出文化产业具有"一项创意，多重使用"的特征，会抑制生产者的创造性和积极性，导致市场潜力难以充分发挥。因此，政府必须在提供政策支持、营造市场环境方面扮演重要角色。[④]

还有部分学者从我国文化产业的发展现状和背景环境出发，要求政府进行职能转变，选择正确的角色定位。刘睿提出：相对目前的经济增长与国民需求而言，我国文化产业发展滞后。对此，政府必须进行合理的角色定位，其主要责任应该是：在遵循市场经济规律的前提下，对文化产业资

---

① 姚庆武：《政府在发展文化产业中的角色定位》，《理论观察》2009 年第 4 期。
② 厉敏萍、衷小菊：《文化产业发展中的政府角色定位》，《生产力研究》2012 年第 9 期。
③ 刘庆振：《文化产业化进程背后的风险资本》，《声屏世界》2015 年第 10 期。
④ 厉无畏：《文化创意的产业化与产业创新》，《同济大学学报》（社会科学版）2009 年第 1 期。

源进行整体的调查、规划与评估，并制定出基于区域定位的战略思路与市场竞争机制的产业政策。[①] 吕彧指出我国文化产业发展起步较晚，且文化体制改革和文化产业政策相对滞后，要求政府发挥自身优势和积极作用，充当强有力的组织者和推动者，尤其是要发挥政府投资对社会资本的示范和引导作用。[②] 董承华基于文化产业链的研究视角，提出目前我国文化产业发展存在产业链条不完整、知识产权保护不充分的问题，需要政府定位于加强规划、培育环境、制定政策、注重引导，加强以构建产业链为核心的文化产业发展规划，同时加强知识产权保护体系建设。[③] 黄斌提出：在全球文化发展语境中，我国面临着文化产品、文化资本的冲击，尤其是美国文化产业扩张和文化霸权倾向的冲击。此时，政府进行角色转换和管理方式转变至关重要，即政府要以服务导向代替传统的政府中心主义，担任提供服务、协调社会秩序的角色；要由以往的直接控制、直接经营转变为以调控为主的管理模式。[④] 熊正德强调文化软实力逐渐成为综合国力的衡量标准，并分析制约我国文化产业发展的障碍，借鉴国外发展文化产业的成功经验，提出政府应该选择战略规划者、平台搭建者、市场营造者的角色定位，全面制定和完善历史文化资源的开发规划，全力打造多渠道、多元化的投融资平台，加强对文化产业发展的立法保障等。[⑤]

另外，诸多学者通过实证研究或经验研究，指出我国文化产业发展中的政府角色存在诸多缺陷，并提出政府角色进行科学定位和合理调整的建议。刘向阳认为，由于文化管理体制不适应导致的政府错位问题，是我国

---

① 刘睿：《我国文化产业发展的滞后与提升》，《学术交流》2012 年第 1 期。
② 吕彧、胡庆雄：《发展文化产业的政府角色——文化产业发展的对策分析》，《东南大学学报》（哲学社会科学版）2006 年第 1 期。
③ 董承华、刘汉峰：《论中国文化创意产业发展中的政府定位》，《北京社会科学》2013 年第 2 期。
④ 黄斌：《全球化语境下的文化产业与政府职能转变》，《学术研究》2001 年第 11 期。
⑤ 熊正德：《我国文化产业发展战略思考基于文化软实力视角》，《湖南大学学报》（社会科学版）2013 年第 5 期。

文化产业发展面临的主要问题。对此，政府需要加快实现职能转变，在确定文化发展方向、制定文化发展战略、创造公平竞争环境、维护公共秩序等方面扮演重要角色。[①] 刘艳红提出：抑制文化产业发展的根本性问题在于行政垄断，造成政府角色越位，过分干预市场。对此，政府应当实施“国退民进”的文化产业民营化发展战略，积极充当规范文化服务市场的角色。[②] 朱缨认为我国文化产业发展中政府行为的弊端在于管理缺位，例如法律法规体系不完善，投融资渠道不畅通，文化市场监管不足、执法不力等。对此，政府应加快文化产业法制建设，加强文化市场的监管力度和执法力度，并致力于营造自由竞争的市场环境。[③] 王亚川对我国文化产业发展中政府角色定位的存在问题进行总结：一是未能根据文化产业的发展阶段，对政府角色进行合理调整；二是未能界定政府和市场作用的边界，出现政府“包办”“包管”的现象。因此，在文化产业发展初期，政府应对文化经济萌芽和发展持有默许态度，并通过产业政策来支持文化产业发展；在市场发育过程中，政府应适当介入，通过加强管理和合理引导，规划和培育文化市场的成长；在文化经济发展成熟阶段，政府则应当开始引导文化产业“走出去”，协助文化企业开拓市场，实施国际化战略，提升专业市场的层次和核心竞争力。同时，政府要准确定位，就是要从“过度干预（越位）”转向“适度干预”，从公共服务的“缺少干预（缺位）”转向“加强干预”，从对微观领域“直接干预（错位）”，转向对宏观领域的“间接干预”，从绝对掌控资源的“权力中心（不让位）”，转向“服务中心”。[④]

---

① 刘向阳：《加快政府职能转变 推进文化产业发展》，《长沙铁道学院学报》（社会科学版）2004 年第 4 期。

② 刘艳红、韩国春、罗晓蓉、刘静、张亚卿：《对中国文化产业政策的探讨》，《云南师范大学学报》（哲学社会科学版）2006 年第 5 期。

③ 朱缨：《文化产业发展中的政府行为研究》，硕士学位论文，华中师范大学，2011 年，第 23 页。

④ 王亚川：《论政府在推动文化产业发展中的角色》，《理论研究》2007 年第 1 期。

（二）关于我国文化产业发展中政府角色的特殊性研究

除了上述普遍性研究之外，部分学者还针对文化产业的特定行业、特定地域、特定模式等进行研究，探讨特殊情境下政府如何科学地选择角色定位。

吕永选择影视文化产业为例，通过借鉴美日韩以及我国横店影视城的成功经验，提出政府应该扮演引导者、支持者、协调者的角色。其中，引导者是指政府要做好战略规划，引导影视文化产业的发展格局；支持者是指政府要提供强有力的土地、财税、金融政策支持，提高影视文化产业的竞争力；协调者是指政府要主动与市场环境相结合，完善公共服务平台建设，营造良好竞争的市场环境。①王君对我国足球产业的政府角色进行分析，认为当前政府存在角色错位的严峻问题，导致行政干预过多，产业发展环境不佳。因此，政府要重新进行角色定位，实现“管办分开”，分权于社会、还权于市场，培育和发展第三部门，鼓励社会资本参与。②

曹钰涵、王锋对民族地区文化产业发展过程中的政府角色进行研究，提出该地区政府主要存在定位不准确的问题；并进一步提出改进路径，要求准确定位政府角色，推动政府职能转变，实现民族文化的可持续发展。③④李阳基于长三角地区文化产业一体化发展过程中出现的困境，提出地方政府存在角色错位、职权越位、职能缺位的失范现象。对此，长三角地区的地方政府要在角色定位中做到不错位、少越位、勿缺位。一方面，要从“无限”政府转向“有限”政府，大规模退出微观经济资源配置领域，充分发挥市场配置资源的基础性作用，充分重视并挖掘非政府组织的制度资源；

---

① 吕永：《海南影视文化产业发展中的政府行为研究》，硕士学位论文，华中师范大学，2013年，第9页。

② 王君：《足球产业发展中的政府角色定位研究》，硕士学位论文，浙江财经大学，2014年，第38页。

③ 曹钰涵：《民族地区文化产业发展中的政府行为研究》，硕士学位论文，湖南大学，2013年，第22页。

④ 王锋：《民族地区文化产业可持续发展中的政府行为研究》，硕士学位论文，陕西师范大学，2013年，第31页。

另一方面，要从“管制型”政府转向“服务型”政府，实施文化产业项目化运作，搭建区域文化产业合作平台，并建立区域公共资助体系，支持产业协调发展。[①]

李蕊还对文化产业园区建设中的政府角色定位进行探讨，认为我国文化产业园存在的问题主要体现在：重复性建设，同质化竞争；配套服务不完善，文化企业被迫迁徙；产业链条不完整，集聚效应不明显。因此，政府需要重新进行角色定位，坚持以市场为导向、以完善产业链条为目标，同时要加大政策扶持力度，建设文化产业园的服务平台。[②] 刘华等则提出政府应该在文化产业创意端扮演重要角色，尤其是要营造良好的社会环境，塑造良好的公众意识和行为习惯。第一，构建基层创新平台并完善创新激励机制，搭建文化产业公共技术服务平台、公共信息服务平台、产业科技资源共享平台；第二，以专项工程的方式积极开展形式各样的知识产权进基层活动，提供必要的政策指导、资金资助、创意支持，提升知识产权文化普及的力度与效果。[③]

第三节　研究内容、方法和创新

一、研究内容

本书首先对文化产业和政府角色的概念界定和相关理论进行规范研

① 李阳：《长三角文化产业一体化进程中的政府角色定位》，《经济论坛》2010年第10期。
② 李蕊：《文化产业园发展模式及园区建设中的政府角色定位》，《商业时代》2014年第34期。
③ 刘华、张祥志：《政府在文化产业链创意端的角色与职能研究》，《出版发行研究》2014年第2期。

究，并在此基础上探讨文化产业发展与政府角色定位之间的内在联系，突出二者相互结合的必要性和重要性。然后，基于交易费用理论，建立出文化产业发展中政府选择角色定位的分析框架，为我国政府的实践活动提供衡量标准和评判依据。另外，通过探讨国外文化产业发展中的政府角色，总结国外政府角色定位的成功经验；通过分析我国文化产业发展中的政府角色，总结我国政府角色定位的利弊作用。最后，基于政府选择角色定位的理论框架，并结合国内外政府角色的实践经验，针对我国文化产业发展中政府角色如何定位和调整提出政策建议。

基于上述思路，本书的安排如下：

第一章，导论。从研究背景出发，突出文化产业对于世界各国经济社会发展的战略意义，并强调我国文化产业发展中政府角色定位所面临的现实问题，说明文化产业发展与政府角色选择相互结合的重要性和必要性。继而介绍本书的研究目的、研究意义、研究综述、研究方法和研究创新等。

第二章，政府角色及相关理论。首先，理解政府角色的相关概念，探究政府如何进行合理的角色定位：一是通过比较政府主体与其他社会主体的优势和劣势；二是通过分析不同经济学家对于政府角色的观点。其次，对政府角色的相关理论进行阐述，主要包括新公共管理理论、新公共服务理论、多中心治理理论。一是探究政府角色相关理论的产生背景和主要内容；二是探究这些理论对我国政府进行角色定位的重要启示。

第三章，文化产业及相关理论。基于不同国家和组织对于文化产业的定义和分类，首先，探讨文化产业的概念界定和分类方法，并在此基础上分析文化产业所具有的属性和特征。其次，对文化产业的相关理论进行阐述，了解文化产业理论的发展历程，并探究文化产业内在的发展规律。

第四章，理论框架。首先，对交易费用及其影响因素进行探究，将交易费用的影响因素总结为可竞争性和可度量性两个维度。其次，根据产品和服务的可竞争性和可度量性特征设计生产矩阵模型，得出市场部门与公共部门的活动领域，并找出不同制度安排下的政府角色和政策工具。再由一般性到特殊性，构建分析文化产业发展与政府角色定位是否匹配的理论框架。

第五章，国外文化产业发展中的政府角色分析。首先，根据政府干预程度和市场调节程度的高低，将国外文化产业发展模式分为政府主导模式、混合模式、市场主导模式三种类型，并针对不同模式分别选取代表国家分析其特点。其次，归纳出国外文化产业发展过程中的政府角色，并总结出国外文化产业发展中政府角色定位实践对我国的借鉴经验。

第六章，我国文化产业发展中的政府角色及其实践探索。首先，将我国文化产业发展历程划分为四个阶段。通过回顾我国文化产业发展过程，分析文化产业政策变迁历程，探讨我国政府角色定位的实践，重点分析我国政府角色的转变。其次，选取电影产业作为具体研究对象，通过分析其发展历程以及政府角色定位实践，进一步探讨电影产业发展过程中政府角色的利弊作用。

第七章，我国文化产业发展中的政府角色定位。在上述规范研究与实证研究的基础上，对我国文化产业发展中的政府角色定位提出可行的政策性建议。第一，政府要树立科学政府角色理念，提出其基本依据、基本原则、基本方向；第二，具体来看，政府在文化产业发展中的角色定位应该是战略规划者、环境营造者、市场监管者、服务提供者以及社会组织发展的支持者。

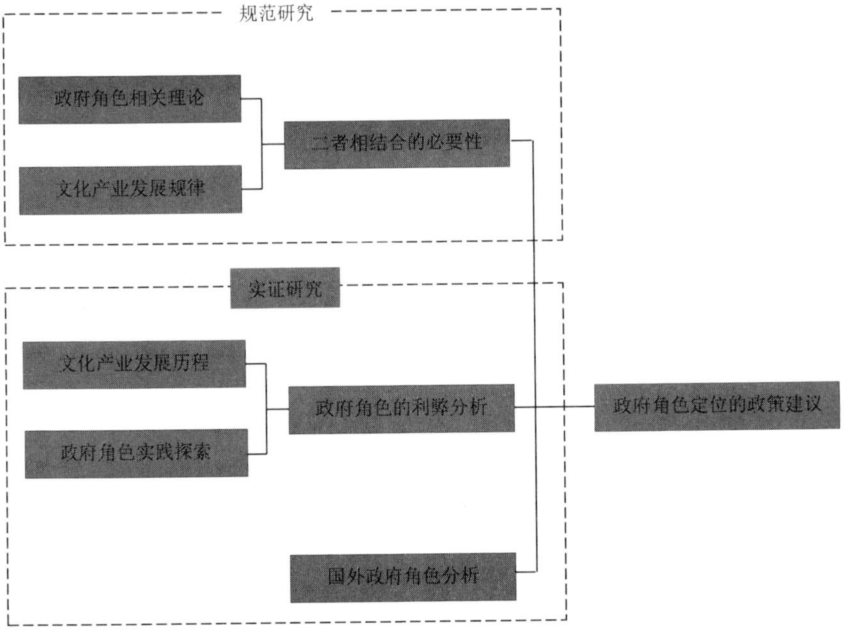

图 1—1 研究思路框架

二、研究方法

(一)文献研究法

通过查阅国内外的相关文献，对文化产业和政府角色的相关理论和实践进行梳理，为研究我国文化产业发展中的政府角色提供理论基础和经验借鉴。一方面，通过阐述文化产业和政府角色的相关概念和理论，探讨文化产业发展规律与政府角色定位结合的必要性和重要性。另一方面，通过探究我国文化产业发展中的政府实践活动，以及国外政府如何选择合理的角色定位，总结和归纳出具有借鉴意义的经验和教训。

（二）经验总结法

探讨国外文化产业发展中的政府角色，并借鉴国外政府发展文化产业的成功经验；回顾我国文化产业的发展历程，并分析不同阶段的政府角色及其实践活动。基于上述研究，总结出文化产业发展中政府角色定位的经验和教训，加以系统化和理论化，最终转化为具有指导意义的政策性建议。

（三）统计分析法

在分析我国文化产业发展历程以及选取电影产业作为代表进行实证研究时，通过统计分析方法对相关数据加以整理，说明我国文化产业发展现状和趋势，并探讨我国文化产业发展过程中政府角色的利弊作用。

三、研究创新

（一）理论基础新

本书运用交易费用理论分析文化产业发展中的政府角色定位问题，并构建出分析文化产业发展与政府角色定位是否匹配的理论框架，为文化产业发展中政府角色的选择和调整提供新的衡量标准和指导理念。

（二）研究方法新

从时间跨度来看，本书对我国文化产业发展阶段及其政府角色进行回顾，并选取电影产业作为典型进行实证研究，分析我国政府角色定位的积极作用和消极作用。从空间范围来看，本书既对我国文化产业发展中的政府实践经验加以总结，又对国外政府发展文化产业的成功经验加以借鉴。

（三）政策建议新

本书紧密结合理论与实践、历史与现实、国内与国际，并基于交易费用理论提出文化产业发展中政府角色进行科学定位的衡量标准，为推动我国政府角色合理定位、促进我国文化产业繁荣发展提供创新性建议。

第二章　政府角色及相关理论

第一节　政府角色

一、政府角色的概念

“政府角色”一词是将政府人格化，与“政府职能”“政府作用”意义相近。它是指通过与其他社会主体进行比较，对政府的职能和权限进行界定。一方面是政府在公共服务和社会管理过程中所发挥的作用和功能；另一方面是政府对社会承担的责任以及法定的管理权限。简单来说，就是回答两个问题：政府应该做什么？政府不应该做什么？

部分学者认为“政府角色”与“政府职能”可以等同。彭澎认为，政府角色是将政府人格化来定位其功能作用，与政府的性质、地位、权利、功能、职能、任务等紧密相关，涉及政府的权利界限、功能范围、行为方式等。[①] 王晓娟也认为，政府角色是指政府在履行行政职能过程中所体现出来的身份、地位和行为模式。但是，笔者认为“政府职能”是“政府角色”的衍生概念，即首先考虑政府扮演何种角色，这决定了政府应该承担的责任和履行的职能。[②] 笔者认为，“政府角色”主要包括政治角色、经济角色和社会角色。其中，政治角色属于客观角色，即国家一经成立必将组

① 彭澎：《政府角色论》，中国社会科学出版社 2002 年版。
② 王晓娟：《论我国政府职能与角色的转变》，《当代经理人》2006 年第 21 期。

建政府，发挥其抵御外来侵略、镇压敌对阶级、维护社会秩序的基本职能。而经济角色和社会角色属于主观角色，即这种角色是在经济社会中政府主体与其他行动主体的互动中产生，主要表现为政府与市场的关系和政府与社会的关系。本书重点讨论的是政府的主观角色，尤其是考虑政府主体与市场主体、社会主体之间的互动关系。

二、关于政府角色的不同观点

（一）基于不同社会主体的关系

通过与市场主体进行比较，政府的角色定位在于推动市场发展，同时弥补市场不足。一方面，政府必须肯定市场配置资源的决定性作用，发挥市场机制高效率性和高回应性的优势。另一方面，政府必须认识到市场作用的局限性。由于市场影响力（如垄断）和市场不存在（如信息不对称和外部性）的原因，可能会出现市场失灵现象，此时需要政府加以纠正。基于上述观点，世界银行针对市场失灵将政府职能归纳为三类：一是基本职能，主要是提供纯公共物品，例如建立国防、保护产权、完善法制等；二是中介职能，主要是管理外部性和反垄断，例如基础教育、环境保护、竞争规制等；三是行动者职能，主要是进行再分配。[①]

通过与社会组织进行比较，政府的角色定位在于鼓励社会组织发展，并合理应对志愿失灵的情况。随着各类社会组织发展壮大，第三部门的特殊优势日益显现，例如回应性强、公众参与度高、信息充分且真实等。尤其是在提供某些公共物品和服务方面，第三部门更能够满足社会公众的超额需求和特殊需求。因此，政府逐渐将部分职能转移给社会，其基本职能

① 席恒：《利益、权力与责任 公共物品供给机制研究》，中国社会科学出版社2006年版，第75页。

则在于制定政策和监督执行。一方面是引导社会组织健康发展，为其提供宽松的制度环境；另一方面是加强监督，针对第三部门的诸多缺陷，需要政府进行作用互补，例如容易出现搭便车问题、提供公共物品资源有限、志愿机制难以长期有效维持等。

（二）基于不同经济学家的观点

对于政府应该选择何种角色定位，尤其是在经济社会中政府应该发挥何种作用方式，学界提出了不同观点。综合不同经济学家的观点，可以将政府角色总结为“守夜人”型、“干预者”型、“市场增进”型和“管理机构”型。[①]

一是“守夜人”型政府，代表人物有亚当·斯密、哈耶克、弗里德曼，等等。他们主张充分发挥市场机制的决定性作用，而政府干预会破坏市场机制正常运转，对经济发展带来消极影响，因此政府应该越小越好。亚当·斯密提出政府应扮演“守夜人”角色，主要承担建立国防、设立司法机关、提供公共物品三项职能。哈耶克提倡最低限度的政府，可以建立保障竞争市场正常运转的法律框架，可以管理外交关系和国防建设。但是，他强烈反对政府实施再分配的职能。弗里德曼也提出“凡是市场能承担的，政府就不要承担”，他对政府职能的界定是：保护社会成员免受侵犯，保护法律制度，保障契约履行，保证竞争市场。

二是“干预者”型政府，代表人物主要是凯恩斯。这种观点否认“守夜人”的政府角色，认为政府不只是社会秩序的消极保护者，还是社会和经济领域的积极干预者。尤其强调政府要应用财政政策和货币政策，对国民经济进行宏观调控。凯恩斯提出的政府干预理论主要是基于20世纪30

① 刘金科：《经济发展方式转变中政府角色转变研究》，博士学位论文，财政部财政科学研究所，2012年，第25页。

年代的特殊环境，即美国经济危机爆发，经济萧条迅速蔓延西方国家，而自由放任的经济政策无法缓解困境。在这种时代背景下，凯恩斯提出有效需求理论：由于存在边际消费倾向递减、资本边际效率递减、流动性偏好的规律，有效需求往往表现为不足，此时社会总供给和总需求难以自动实现均衡。所以，需要政府扮演干预者角色，增加公共投资和公共消费，以弥补私人投资的不足。

三是“市场增进”型政府，代表人物有青木昌彦、萨缪尔森、斯蒂格利茨等。他们认为政府和市场之间不是相互对立的关系，而是相互补充、相互协调的关系。通过研究东亚经济发展中的政府角色，青木昌彦提出：政府职能在于促进民间部门的协调功能，积极推动民间组织（如企业组织、商业协会、金融中介等）发展，在政府、市场、社会之间形成一种协调机制，这样政府自然会减少市场干预。萨缪尔森和斯蒂格利茨则结合自由市场主义和国家干预主义，强调市场机制和政府干预同样重要，互为补充。因此，政府职能在于弥补市场缺陷，纠正市场失灵，发挥自身的催化作用和保护作用。

四是“管理机构”型政府，代表人物主要是马克思和恩格斯。这种观点强调政府要尽可能缩小机构规模和管理范围，尽可能减少干预公民社会方面的事务，即实现“小政府”和“大社会”。马克思和恩格斯认为：在社会主义社会，政府已经失去政治属性，成为一个单纯的“管理机构”。此时，政府的主要职能在于制订生产计划，组织社会生产，维护社会利益。马克思和恩格斯还预言：在经济社会发展、管理水平提高的发展趋势下，政府职能将会继续缩小，许多政府职能将会逐渐转交给社会，更多地由社会进行自我管理。

第二节　政府角色相关理论

一、新公共管理理论

（一）新公共管理理论的产生背景

新公共管理理论兴起于20世纪80年代，在英国和美国达到高潮，后来逐渐影响其他国家。该理论的产生与时代背景联系密切，主要体现在经济因素和组织因素两个方面。从经济因素来看，自20世纪60年代推行“福利国家”政策以来，西方国家普遍出现了经济衰退的现象。“福利国家”政策的目标在于维护社会秩序，促进社会公正，并最终推动国民经济发展。但是，该政策实施的实际效果不佳，不但没有带来预期的国家经济发展和社会公众的满意与支持，反而导致国家走向经济滞涨、社会公众普遍不满的下坡路。此时，如何尽量减少政府支出、缓解财政困难成为关键课题。从组织因素来看，马克思·韦伯的传统行政理论指导下的官僚科层制问题重重，如官僚组织僵化，公务员效率低下，腐败现象频发等。社会公众也对公共部门提出诸多批评：政府机构过于庞大，既耗费太多资源，又容易出现责任不清的情况；政府活动范围过于宽泛，没有考虑政府行为的机会成本，社会资源未能得到有效配置；政府公务人员工作效率低下，缺乏积极性和创造性等。[①] 此时，推动政府机构改革、提高政府工作效率成为政府部门的出路。

在这种时代背景之下，一种崭新的意识形态和政府理论呼之欲出，亟

① 柳云飞，周晓丽：《传统公共行政、新公共管理和新公共服务理论之比较研究》，《前沿》2006年第4期。

需解决当下的经济困境和组织难题。随后，20 世纪 70 年代末以来西方资本主义国家的政府改革此起彼伏，为新公共管理理论的诞生提供了催化剂。英国政府最早进行政府改革，首先是撒切尔政府实施以效率为核心的政府改革，成立效率小组，进行“雷纳评审”，为政府部门提供效率目标；梅杰政府更关注政府部门提供服务的质量水平，并要求各级政府部门通过宪章形式将提供服务的内容、形式、标准和责任告知公众，接受公众对自己工作的监督。英国进行政府改革后，美国和新西兰也先后提出一系列政府改革措施。里根政府为了减少“福利国家”政策带来的不利影响，缩小政府部门的干预范围，实施了大规模的政府收缩计划，并致力于推动公共服务的市场化改革。新西兰政府将改革的重点放在职能界定、文官制度改革和财政体制改革等方面。[①]1998 年，我国政府也借鉴新公共管理理论，开始新一轮的国务院机构改革。学者也将这一时期的政府改革称为“重塑政府运动”，它开启了政府行为理论和角色理论研究的新范式。

（二）新公共管理理论的主要内容

新公共管理的理论基础主要是现代经济学理论和私营部门的管理方法。在现代经济学理论的范畴内，主要是以公共选择理论和新制度经济学的理论为核心。基于公共选择理论，在“经济人”假设的前提下，政府效率低下和规模膨胀的根本原因在于公共服务供给中的官僚垄断特性。即缺乏竞争，缺乏利润激励，以及缺乏监督机制。因此，提高政府部门工作效率的根本途径是引入市场竞争机制，消除一切形式的“公共垄断”。根据新制度经济学中的委托代理理论，在有效理性与机会主义的“经济人”假设的前提下，代理人利益与委托人利益未必一致，他很可能追求个人利益

① 黄小勇：《新公共管理理论及其借鉴意义》，《中共中央党校学报》2004 年第 3 期。

而把委托人的利益放在次要位置，甚至不惜以牺牲委托人的利益为代价。因此，必须建立健全针对政府的监督机制，保证政府官员和政府机构能够按照委托人的意志行事。根据新制度经济学中的交易成本理论，在产权关系界定模糊不清、环境不确定、信息不对称以及人类有限理性与规则匮乏等情况下，交易成本会非常高。因此，政府应发挥维护产权制度、提供法律保障的重要作用，通过合理的制度安排和制度创新，有效地控制与减少交易成本的支出，提高经济活动的内在效率。[①]另外，新公共管理理论不断汲取私营部门成功的管理精髓，如绩效管理、目标管理、战略管理、顾客至上的经营理念以及灵活高效的组织模式。例如，主张建立弹性化政府模式，建立临时性工作小组或项目小组，以提高政府部门的创新能力和应变能力。

由此可见，新公共管理理论的核心理念体现在三个方面。第一，将市场化作为首要价值理念。如前所述，由于公共服务供给具有政府垄断特征，缺乏有效的竞争机制和激励机制，导致政府部门出现效率低下和规模扩张的弊端。因此，新公共管理理论强调将市场竞争机制引入政府部门，并发挥市场配置资源的决定性作用，主张将权力下放给具有企业精神的私营部门或公共部门，并根据市场反馈的信号来制定政策。第二，建立顾客导向的企业式政府。这意味着政府不再是凌驾于社会之上的官僚机构，而是富有责任感的企业组织，必须将社会公众作为顾客对象，满足其多样化、多层次的消费需求。坚持顾客导向的管理理念，就是赋予顾客自主选择公共服务的权利，从而达到改进公共服务质量和效率的目标。第三，将效益作为主要的价值取向。基于交易成本理论，政府部门所关注的不应该是程序、规章、制度等方面的投入，而应该是提供公共服务的效率和质量，即政府

① 杨明伟：《新公共管理理论述评》，《四川行政学院学报》2005 年第 2 期。

活动的产出。坚持将绩效作为基本价值取向，具体表现在公务人员薪酬制度、政府机构预算制度、政府活动考核制度等各个方面。

在奥斯本与盖布勒的著作《改革政府》中，他们总结出企业家精神改革公共部门的十大原则，而这些原则正是新公共管理理论内容的集中体现。①政府应该发挥催化剂和促进者的作用，引导社会机构和组织健康发展，是掌舵（政策制定）而不是划桨（服务提供）；②政府应该向社区和公民授权，鼓励个人参与治理，而不是由官僚组织和专业机构掌握公共服务的所有权和管理权；③政府应该将竞争机制注入服务提供中，这样有利于提升公共服务的供给效率，提高政府部门雇员的士气，并迅速回应顾客需求；④政府应该具有使命感，不能只是按照规章制度办事，建立相应的预算制度和人事制度必须首先明确组织使命和目标；⑤政府应该注重效果，建立完善的绩效测评体系，并应用到人员薪酬、组织管理和财政预算等方面，促使公共部门明晰目标、学习经验、改善效益；⑥政府应该坚持顾客导向，及时而准确地回应社会公众的需求，并让他们参与公共服务的评估和监督过程，将他们的反馈意见作为改进服务的基础；⑦政府应该具有事业心，把利润动机转向公众使用，以花钱来省钱，为回报而投资；⑧政府应该有预见性和前瞻性，可以通过设定战略规划、制定长期预算或跨部门预算、建立意外事故基金等方式，防患于未然；⑨政府应该强调分权，提倡参与式管理和协作型组织，真正的领导精神是善于把权力下放到基层，以提高组织的灵活性、创新性和效率性；⑩政府应坚持市场导向，通过市场力量进行变革，充分利用市场机制的优势。

（三）新公共管理理论的启示

新公共管理理论提出三大核心理念：一是市场导向，要求引入市场竞争机制，发挥市场配置资源的决定性作用；二是顾客导向，要求将公民作为服务对象，并及时、准确地回应社会公众的多样化需求；三是绩效导向，要求借鉴企业的管理方法，尤其是要建立政府部门绩效评价体系，提高工作效率和效益。在倡导政府简政放权、职能转变的大背景下，这些理念对我国政府改革具有重要启示。

1. 推动公共服务市场化，引入市场竞争机制

我国政府应将市场竞争机制引入公共服务领域，推动公共服务多元化供给，鼓励社会资本积极参与。这样能够打破政府在公共服务领域的垄断局面，提高公共服务供给的效率和质量，同时有利于缓解政府财政压力。具体来看，政府部门既可以通过政府淡出、政府撤资方式，直接将部分公共职能转移给私营企业或者社会组织；也可以采取承包、租赁、委托、购买、补贴等形式，加强政府部门与社会资本之间的合作关系。例如，针对基本医疗和公共卫生服务供给，我国政府首先需要对医疗服务的载体形式和价值形式进行区分：对于作为载体形式的医疗服务（如挂号、病房空调、卫生消毒等），可以直接将其剥离出去，由私营部门来提供；对于作为价值形式的医疗服务（如涉及医生人力资本的诊疗、手术等），也可以在规范管理的前提下，将部分服务交给市场来提供。这样能够提升我国医疗服务供给体系的整体效率，有效缓解“看病难”与“看病贵”的问题。

2. 树立顾客导向理念，推动政府职能转变

我国政府应转变传统观念，要求将公民作为顾客，并以顾客为中心。而政府本身不再是凌驾于社会之上的官僚机构，而是将公民作为服务对象的“企业家”。首先，政府必须认识到自己的公共权力是来源于公民，应该对公民负责，并接受公民监督。其次，政府必须为公民参与政治生活和政务管理提供畅通渠道和开放平台，并为公民提供高效优质的公共服务。政府可以加大信息公开的力度，涉及工作计划、人员管理、政策制定、行政预算、公共开支、法律法规等多个方面；还可以推行“政务超市”“一站

式服务”等形式，最大限度地降低顾客成本，为社会公众提供便捷服务。另外，为了更好地推进服务型政府建设，还要将顾客满意程度作为政府部门绩效评价的重要指标，同时建立健全反馈和申述机制，以加强社会公众对于政府部门的监督。由此可见，坚持顾客导向的服务理念，能够提高政府对于社会需求的回应性，并且有利于扼制腐败现象，从而改善政府与公民之间的关系，增强政府权威，增加公民参与。

3. 借鉴企业管理方法，培育企业家型领导者

我国政府应积极借鉴企业部门的管理方法，例如目标管理、成本核算、结果控制、绩效评估等等，以此来提高政府部门内部的工作效率。另外，政府官员应具有创新意识和风险意识，努力成为企业家型领导者。而“企业家”的特质就是能够将资源进行最优整合，并获得最大收益。这要求政府官员应该具备企业家的优秀特质，在政府固有的资源约束条件下，能够最大限度地整合各种社会资源和公共资源，更好地解决公共领域所面临的问题。[①]当然，关于如何引入企业部门的管理方法、培育企业家型的领导者，我国政府还需要结合自身实际情况，不能完全照搬西方国家政府改革的实践措施。但是，企业管理在重视效率、重视产出、重视顾客需求等方面具有明显优势，这些都值得我国政府学习和借鉴。

（四）新公共管理理论的局限

新公共管理理论是对传统公共行政理论的否定和批判，也在诸多国家取得了显著成就，但是该理论仍然存在一些局限性，主要体现为：将“经济人”作为假设条件，将实用主义作为评价标准，将市场化作为首要理念。[②]

① 李云晖：《新公共管理理论对我国政府改革的启示》，《人民论坛》2011 年第 14 期。
② 丁煌：《当代西方公共行政理论的新发展——从新公共管理到新公共服务》，《广东行政学院学报》2005 年第 6 期。

1.“经济人”的假设条件

新公共管理理论是基于“经济人”的假设条件，而“经济人”是按照成本收益计算并实现个人效用的最大化，即新公共管理理论的人性假设强调物质主义，对人在公共管理中的地位重视程度不够。如前所述，新公共管理理论将公共选择理论作为理论基础之一，而公共选择理论的人性假设坚持物质主义的原则，认为个人都是从自己的偏好出发，在交易活动中始终追求自身利益的最大化。在某些情况下，过分追求物质可能会使人们变成逐利的动物，失去自我生存的精神根基，从而导致人的本质出现异化。

2. 实用主义的评价标准

新公共管理理论要求建立实用主义的评价标准，以衡量组织绩效并进行奖惩和学习，但过分重视“绩效”和“效率”，可能会导致急功近利的短期行为，缺乏更为长远的战略规划。如前所述，新公共管理理论将绩效作为政府活动的重要评价标准，要求建立一套完善的绩效评价指标体系，严格地对政府的投入和产出活动进行衡量。在这种绩效考核机制下，政府部门或许能够在短时期内及时地回应和满足“顾客”需求。但是，从长远来看，过分强调时效可能会导致政府部门缺乏崇高的战略规划，同时无法做好民主、公平等价值的仲裁者角色，还可能导致公众道德水准的下降。

3. 市场化的首要理念

新公共管理理论将市场化作为首要价值理念，但过分强调市场至上的原则，可能会使政府越来越依赖市场机制，并丧失面对危机的处理能力，甚至忽视自身维护社会公平的最高使命。如前所述，新公共管理理论的核心理念是在于市场化，即主张公共服务应该由多元主体进行供给，而不再是政府部门垄断供给。政府部门可以通过契约形式与市场主体形成责任关系，综合运用业务合同出租、政府购买服务等公私合作的方式。总之，就是要让政府的服务行为变为出租行为，让政府管理变为成本核算和绩效评估，以保证通过市场竞争能够提高官僚组织的工作效率。但是，市场并不是万能的，过分依赖市场可能会导致政府失灵，使得政府缺乏面临困境的应对能力。此外，政府承担的最高使命应该是维护社会正义，即使是经济使命也必须从属于最高使命。如果政府放弃了最高使命，那么它即使在经济发展方面发挥巨大作用，也难以得到社会的认可。

二、新公共服务理论

（一）新公共服务理论的产生背景

新公共服务理论源于对新公共管理理论的反思和批判。经过20余年的实践之后，许多学者和政府官员逐渐意识到新公共管理理论的不足，尤其是对公民权利、公共利益、政府责任等缺乏重视，难以满足当时社会形势的需要。通过引入市场竞争机制，坚持顾客导向理念，一定程度上缩减了政府开支，提高了政府雇员的积极性，改善了政府工作的效率和效益。但是，一些负面的价值观念如“物质主义”“工具主义”“管理主义”等，严重影响公共管理的“公共性”特征。另外，该时期世界范围内的民主政治发生了深刻变化，民主思想进一步得到普及和发展，公民权利的实现和保障成为各国的关键课题。其中，美国“9 · 11”事件是新公共服务理论兴起的直接原因，它促使人们重新思考政府的责任和作用，重新审视公共利益和公共精神的重要性。

（二）新公共服务理论的主要内容

新公共服务理论的框架构建具有四大理论基础。一是民主公民权理论。“公民权”的概念最早由亚里士多德提出，他认为公民积极主动地参与社会生活，就是实现自身完美人格的重要途径。该理论主要是针对新公共理论的“经济人”假设，认为公民会超越“私利”而重视“公共利益”。因此，政府应该对民主社会的公民权利和参与价值予以保障和尊重，鼓励公民积极参与社会治理，重构政府与公民之间的合作关系。二是社区与公民社会理论。在当代社会，社区在整合社会基本价值观念和协调社会公共利益等方面扮演着重要角色。一个好的社区，能够激发公民的归属感和责任感，并在社区成员之间建立起平等、信任、协作的良好关系。因此，该理论强调社区建设对于公民社会的意义，提倡政府要推动社区建设，鼓励社区成员参与治理。三是组织人本主义思想。要求逐渐取代传统的理性行为模型，并坚持以人为本的原则，实现公共利益的最大化。其中，坚持以人为本主要表现在两个方面：一方面是公共组织内部成员；另一方面是组织外部的服务对象。这样有利于提高政府雇员的主动性、积极性、创造性，帮助他们实现自我价值；同时有利于尊重和保障公民权利，实现“通过人民来管理”。四是后现代主义的组织对话理论。该理论认为政府的作用在于营造良好的沟通环境，让公民能够在这种环境下进行真诚、开放、平等的对话。通过加强公民与公民之间、公民与政府之间的对话，能够对公共利益达成较为一致的认识，形成共同的价值观和使命感，从而更好地采取集体行动来实现公共利益。①

登哈特夫妇是新公共服务理论的代表人物，他们在著作《新公共服务：服务而不是掌舵》中提出了关于新公共服务的七项基本原则。第一，政府的职能是服务，而不是掌舵。政府及其工作人员的使命在于帮助公民表达并满足他们的利益需求，但政府将要扮演的角色不再是公共服务的直接供给者，而更多的是仲裁者、中介者和协调者。第二，公共利益是目标，而不是副产品。政府及其工作人员必须致力于建立集体的、共享的公共利益

① 顾丽梅：《新公共服务理论及其对我国公共服务改革之启示》，《南京社会科学》2005年第1期。

观念，而不是出于个人选择寻找快速解决问题的途径。为了实现这个目标，政府应当营造真诚、开放、平等的对话环境，使公民形成共同的价值观念并采取一致行动。第三，在思想上要具有战略性，在行动上要具有民主性。为了实现公共利益，首先要确认相关各方的角色和责任，制定具体目标和行动步骤。在战略实施过程中，政府必须具有开放性、回应性和可接近性，鼓励公民积极参与治理。第四，为公民服务，而不是为顾客服务。新公共服务理论认为，政府与公民的关系不同于企业与顾客的关系。政府不仅要对公民需求做出回应，还要集中精力在公民与公民之间、政府与公民之间建立信任合作的关系。第五，责任并不简单。政府及其工作人员的责任问题极为复杂，他们所要关注的不只是市场，还有法律法规、政治规范、公民利益、社区价值观念和价值标准，等等。第六，重视人，而不是重视生产率。新公共服务理论强调“通过人来进行管理”，而不是通过绩效测评工具来进行管理。从长远来看，通过分享领导权、加强组织合作等方式进行管理，更有利于实现公民和公务人员的双重利益。第七，公民权利和公共服务比企业家精神更重要。政府不仅应该担任公共资源的管理员，还要扮演公民权利和民主对话的促进者，以及社区参与的推动者和领导者，更好地为社会公众提供服务。

（三）新公共服务理论的启示

新公共服务理论和新公共管理理论在某些方面具有共通之处。例如，新公共服务理论同样提倡公共服务的竞争性和私营化，保证公共服务供给数量和质量。又如，新公共服务同样强调政府和公民角色的转变，但是它对政府和公民角色的观点更为激进。新公共服务理论提出：政府应该以公民为主导，而不是以公民为顾客；另外，政府自身应该是服务者，而不应该是掌舵者。这种观点对我国政府的角色定位同样具有启示作用。

1. 倡导公民本位理念，提高公众参与度

根据新公共服务理论的核心观点：公民是公共管理的行为主体，而且公民权在公共行政过程中占据核心地位。因此，公民要从管理客体或者顾客对象的被动角色中摆脱出来，积极参与社会事务的治理过程。[①] 这要求我国政府鼓励公民参与公共管理过程，坚持公民主导的根本理念。具体来看，我国政府应该通过更多渠道来扩散政务信息，提高政府活动的公开性和透明度，从而克服公民与政府之间信息不对称的现状；还应该鼓励公民提供参与政策过程，倾听公民意见，并及时做出回应。总之，政府要坚持以人为本的原则，真正做到尊重公民权利。

2. 建设服务型政府，推动公共治理模式

新公共服务理论对“掌舵者”的政府角色定位进行批判，因为政府往往难以预测未来发展方向，制定具有远见的战略规划。在此基础上，该理论进一步提出政府应该扮演服务者的角色，即政府作为公共管理的参与主体之一，与私营组织和社会组织共同寻找解决问题的办法，更多的是提供议程安排、协调利益相关者、提供便利条件。[②] 因此，应该推动政府角色由直接管理者转变为协调者和中介者，加强政府与社会公众之间的对话，并在此基础上建立公共治理的模式。一方面，政府自身要改进管理方式和方法，充分运用现代管理技术，大力推行电子政务，为社会公众提供更多进行对话的渠道和途径。另一方面，除了颁布的法律法规和政策制度，政府及其工作人员还应该掌握必要的中介、协商和解决冲突的技巧，并且关注社会价值观、职业标准和公民利益，这样有利于增强政府部门的回应力和整合力，更好地推动服务型政府建设。

① 李松林：《论新公共服务理论对我国建设服务型政府的启示》，《理论月刊》2010年第2期。
② 唐晓阳、王巍：《新公共服务理论及其对我国建设服务型政府的启示》，《岭南学刊》2009年第1期。

三、多中心治理理论

（一）“多中心”治理理论的产生背景

“多中心”的概念最早由迈克尔·博兰尼提出，并在著作《自由的逻辑》中进行较为深入的阐述。他认为存在两种不同的社会秩序，即“单中心”的秩序和“多中心”的秩序。其中，“单中心”的秩序，也是指挥型的秩序，主要是通过上级权威和下级服从的命令链条进行协调和运转。“多中心”的秩序则与前者相对立，体现为不同个体与社会整体之间的独立而又统一的关系。行为单位既相互独立，能够自由追求自己的利益；又能够在特定规则的制约条件下相互调适，并在社会的一般规则体系中找到各自的定位，以实现相互关系的整合。[①] 奥斯特·罗姆夫妇继承了迈克尔·博兰尼的社会秩序理论，并在实证研究和理论分析的基础上建立了多中心治理理论，将“多中心”的思想从社会秩序扩展到城市治理、民主社会、公共经济等多个领域。他们认为，在私有化和国有化这两种方式之间，存在其他多种的治理方式，并且能够进行实现效率。而多中心治理就是有效的方式之一，它能够让一群相互依赖的人进行自我组织和自主治理，克服搭便车、规避责任或其他机会主义行为诱惑，以取得持久的共同收益。

（二）多中心治理理论的主要内容

一般认为，多中心治理主要是针对公共池塘资源。该类资源具有特殊性质，如非排他性和使用不可分割性。由于这类物品无法排他却又共同消费，往往会出现“搭便车”和“不合作”的现象。正如亚里士多德所说：“凡是属于最多数人的公共事务常常是最少受人照顾的事务，人们关怀着自己

① [英]迈克尔·博兰尼：《自由的逻辑》，冯银江等译，吉林人民出版2002年版，第150页。

的所有，而忽视公共的事务；对于公共的一切，他至多只留心到其中对他个人多少有相关的事务。”关于如何对公共池塘资源进行可持续性治理，最为典型的三个理论模型分别是：加勒特·哈丁“公地悲剧”、“囚徒困境”博弈模型、奥尔森的“集体行动的逻辑”。基于上述理论模型，学者提出的解决方案可以分为两种：一种是以“利维坦”为唯一方案，主张中央政府的管制，即由中央政府决定谁能够使用公共池塘资源，他们能够在什么时候使用这些资源，怎样使用这些资源，并且由中央政府对他们进行监督，对违规者进行惩罚；另一种以“私有化”为唯一方案，主张建立私有产权制度，即由私人企业对公共池塘资源进行占有、使用和管理，通过市场调节来实现对公共池塘资源的可持续利用。

奥斯特罗姆夫妇认为“利维坦”方案和“私有化”方案都存在不足，并创新性地提出了以自主治理为基础的多中心治理理论。他们认为，“利维坦”方案的问题主要在于信息，中央政府对公共资源信息掌握不足，或者是获得准确、有效的信息需要支付较高成本。另外，在管制机构雇佣监督人时，会面临委托代理问题，如果不能保证监督人员忠于职守，将会陷入一个监督“怪圈”。而“私有化”方案的使用范围相当有限，对于流动性资源和存在时间极短的资源，难以进行计量和分配，例如海洋资源。另外，将公地资源分配给个人是否为真正意义上的私有化，公地资源背后的各种权利义务如何分配，这些问题都值得深思。基于上述方案存在的不足之处，自主管理公共资源的方案则更具优势。从交易费用的角度考虑，该方案大大降低了交易成本。因为在对公共财产的管理过程中，主要是由当事人自己设计和修订规则，并进行执行和监督。例如，由于参与人熟悉公地资源，可以根据掌握的信息自行设计合约，而政府则需要耗费大量人力、财力重新搜集信息。又如，自主管理方案主要是通过当事人的互相监督，不需要雇佣监督人，更没有与代理人进行博弈的难题。

在著作《公共事物的治理之道》中，奥斯特罗姆夫妇结合实证分析和理论研究，阐述了以自主治理为基础的多中心治理方案的有效性和科学性。

通过选取不同国家的治理案例，针对如何进行可持续性的资源治理，建立长期存续的公共池塘资源制度，奥斯特罗姆夫妇总结出以下设计原则：①清晰界定边界，界定对象不仅包括公共池塘资源本身，还包括有权从其中提取资源单位的个人或家庭；②规定占用的时间、地点、技术和资源单位数量的占用规则，要与当地条件及所需劳动、物资或资金的供应规则相一致；③受操作规则影响的个人能够参与对集体原则的修改，使之适应所在场景的特定环境；④监督，积极检查公共池塘资源状况和占用者行为；⑤由参与者自己实施内部强制，根据违规的内容和严重性，对违反操作规则的占有者实施分级制裁；⑥建立低成本的冲突解决机制，通常是建立地方公共论坛；⑦对组织权要有最低限度的认可，可以不受外部政府权威的挑战；⑧对于一些更复杂、存续时期更长的公共池塘资源制度，它们还必须存在一个多层次的分权制企业，对占有、供应、监督、冲突解决和治理活动进行组织。[①]

奥斯特罗姆夫妇还从制度分析的角度出发，对物品、服务、个人、制度安排进行探讨，并解释这些因素怎样相互联系导致某些行为而不是其他行为。首先，多中心治理方案能够在许多地方取得成功，是因为这种方案能够解决制度设计中三个相互关联的难题：制度供给、可信承诺和相互监督。其中，制度供给本身就是一种公共物品，可能会出现供给困境。对此，贝茨提出的解决办法是建立信任和建立社群观念，即提供可信承诺。而承诺具有相互性，即我遵守承诺以你遵守承诺为前提条件。要使承诺变得可信，就必须优先解决监督问题，需要社群中的个体进行相互监督。但监督

① ［美］埃莉诺·奥斯特罗姆：《公共事物的治理之道》，余逊达等译，上海译文出版社2006年版，第144页。

也是社群的公共物品，个人只能得到部分好处。[1]要解决上述三个难题，就必须设计具有激励作用的制度安排，促使社群成员进行相互监督，提供可信承诺，并在集体行动出现困境时建立新的制度。另外，奥斯特罗姆夫妇强调从宪法、集体、操作三个层次进行制度分析。宪法决策的规划、治理、评判和修改发生在宪法层次，决策的制定和管理发生在集体选择层次，而关于使用、供给、监督和实施等日常决策发生在操作层次。三个层次的行动规则中，更高层次的变更其成本更高，且更难完成，并强化了规则之下行为预期的稳定性，这是因为一个层次的行动规则变迁是在其上一层框架之下发生的。[2]

（三）多中心治理理论的启示

传统的"单中心"治理理论是将政府作为治理主体，强调其在公共事务治理方面的主导作用，而忽视了市场和社会的参与和协作。多中心治理理论则将政府、市场、社会都纳入到治理主体的范畴，提出合作共治的公共事务治理模式，这对我国政府部门改革都具有重要的借鉴意义。

第一，在公共事务治理模式上：要求政府、市场、社会共同参与，综合运用多种治理手段，充分发挥各方优势。既要利用政府权威性、集中性的优势，又要考虑市场高效率、重激励的特点，还要日益重视基层社区和社会组织的作用。例如增强回应性、积累社会资本、维护社会稳定等。

第二，在公共物品提供模式上：要求政府转变传统观点，不是由政府部门垄断提供公共产品或服务，而是由政府、市场、社会三大主体进行竞争性提供。由单一主体垄断提供向多个主体竞争提供转变，有利于降低生产成本，提供产品质量，同时社会公众可以根据自身需求进行选择。

---

① 王兴伦：《多中心治理：一种新的公共管理理论》，《江苏行政学院学报》2005 年第 1 期。
② 毛寿龙：《公共事物的治理之道》，《江苏行政学院学报》2010 年第 1 期。

第三，在公共部门管理模式上：要求政府进行职能转变，努力建设高参与性、高协调性的服务型政府。首先，多中心治理鼓励公民参与和管理公共事务，认为具有共同利益的组织群体能够进行自主治理，克服搭便车、规避责任的消极行为，保证公共池塘资源的可持续利用。另外，多中心治理意味着政府从公共事务领域的权力退出和责任让渡，主要表现为政府角色和管理方式的转变，即政府由“划桨”者和“掌舵”者向中介者转变，由直接管理向间接管理转变。

第三章　文化产业及相关理论

第一节　文化产业

一、文化产业的定义及分类

文化产业，即“Culture Industry”，最早由德国法兰克福学派提出。1947年，该学派代表人物霍克海默和阿道尔诺首先使用“文化工业”的概念，但是对其秉持否定和批判的态度。他们认为，“文化工业”是为了满足大众精神文化需求，而进行批量化、模式化生产制造的工业，根本目的在于控制公众的意识形态，并攫取高额的经济利润。后来，随着文化产业的重要地位和积极作用逐渐显现，“文化产业”逐渐演变为一个中性的概念。在20世纪90年代初，欧美发达国家开始强调“文化产业”对于国民经济的促进作用，并相继提出推动文化产业繁荣发展的国家战略。从21世纪初开始，诸多发展中国家也纷纷提出“文化强国”的战略方针，致力于将文化产业打造为国家支柱性产业。如今，世界各国都对文化产业给予高度重视。但是，由于各国在经济发展、社会环境、文化背景、国民需求等方面存在差异，关于文化产业的概念界定和分类方法还尚未统一。

（一）美国对文化产业的定义及分类

美国将文化产业称为“版权产业”，认为文化产业是指以版权产业为核心，通过工业化和商品化的方式进行文化产品和文化服务的生产、交换及传播的产业。狭义的文化产业是以版权产业为核心，主要有新闻业、广告业、出版发行业、广播影视业、网络服务业、计算机软件业、信息及数据服务业等行业；广义的文化产业除了版权产业以外，还包括文化艺术业、非营利性文化产业、体育业等。综上所述，美国文化产业主要包括版权产业（含图书出版业、影视业、图书业、音乐唱片业、广告业、软件业、信息及数据服务业等），以及文化艺术业（含表演艺术业、艺术博物馆等）、非营利性文化产业（含历史古迹、公园、图书馆、博物馆等）和体育业、旅游业。①

（二）英国对文化产业的定义及分类

英国将文化产业称为“创意产业”，专指那些“源于个人创造力、技能和智能，并通过知识产权的开发和运用，具有创造财富和就业潜力的行业”。2001 年，英国《创意产业发展报告》确定了创意产业的 13 个行业领域，即广告、建筑、艺术和文物交易、工艺品、设计、时尚设计、电影音像、互动休闲软件、音乐、表演艺术、出版、软件和计算机服务、电视广播，并将这些行业领域划分为产品、服务、艺术和工艺三个大类。此外，旅游、酒店、博物馆和艺术馆、文化遗产以及体育，也被认为与创意产业有密切的经济联系。②

① 熊澄宇：《世界文化产业研究》，清华大学出版社 2012 年版，第 54 页。
② 熊澄宇：《世界文化产业研究》，清华大学出版社 2012 年版，第 94 页。

（三）日本对文化产业的定义及分类

日本将文化产业统称为娱乐观光业，主要包括内容产业、休闲产业、时尚产业三大类。实际上，日本政府基本将所有与文化相关的产业称为文化产业，但是更倾向于用“内容产业”来取代“文化产业”的说法。其中，内容产业更加强调文化产品中的文化内容属性，主要包括电脑、网络、电视、多媒体系统建构、数字影像处理、数字影像讯号发送、音乐录制、书籍杂志、新闻等。休闲产业是指学习休闲、鉴赏休闲、运动设施、学校和补习班、体育比赛售票、国内旅游、电子游戏、音乐伴唱等。时尚产业是指时尚设计和化妆品这两类产业。[①]

（四）韩国对文化产业的定义及分类

韩国也将文化产业称为“内容产业”。根据韩国政府1992年颁布的《文化产业振兴法》，文化产业是指从事与文化产品的开发、制作、生产、流通、消费等有关服务的产业 。主要分类如下：①电影相关产业；②音乐唱片、录像带、游戏产品相关产业；③出版、印刷物、定期刊行物相关产业；④放送影像产品相关产业；⑤文化财产相关产业；⑥体现文化要素、创造经济附加值的人物造型、动画、设计、广告、演出、美术品、工艺品相关产业；⑦从事数字化文化内容收集、加工、开发、制作、生产、储存、检索、流通等相关服务的产业；⑧其他由总统令确定的传统服装、食品等产业。韩国统计厅的文化产业统计指标则包括：出版产业、唱片产业、游戏产业、电影产业、广播产业、演出产业、其他文化产业（建筑、摄影、创意设计、广告、新闻、图书馆、博物馆、工艺品及民族服装、艺术文化教育等）。[②]

---

① 熊澄宇：《世界文化产业研究》，清华大学出版社2012年版，第164页。
② 熊澄宇：《世界文化产业研究》，清华大学出版社2012年版，第129页。

（四）中国对文化产业的定义及分类

根据国家统计局《文化及相关产业分类(2012)》，文化及相关产业是指为社会公众提供文化产品和文化相关产品生产活动的集合。其范围包括：①以文化为核心内容，为直接满足人们的精神需要而进行的创作、制造、传播、展示等文化产品（包括货物和服务）的生产活动；②为实现文化产品生产所必需的辅助生产活动；③作为文化产品实物载体或制作（使用、传播、展示）工具的文化用品的生产活动（包括制造和销售）；④为实现文化产品生产所需专用设备的生产活动（包括制造和销售）。具体分类如表3—1所示：

表3—1　我国文化及相关产业分类（2012）

第一部分　文化产品的生产	第二部分　文化相关产品的生产
一、新闻出版发行服务	八、文化产品生产的辅助生产
二、广播电视电影服务	九、文化用品的生产
三、文化艺术服务	十、文化专用设备的生产
四、文化信息传输服务	
五、文化创意和设计服务	
六、文化休闲娱乐服务	
七、工艺美术品的生产	

（五）联合国教科文组织对文化产业的定义及分类

在2000年出版书籍《文化、贸易和全球化：问题与答案》中，联合国教科文组织将“文化产业”定义为：生产、储存以及分配文化产品或服务的一系列文化活动。在《文化统计框架——（2009）》中，联合国教科文组织重新确定了文化领域的范围，包括文化和自然遗产、表演和庆祝活动、视觉艺术和手工艺、书籍和报刊、音像和互换媒体、设计和创意服务、旅游业、体育和娱乐以及与上相关的存档与保护、教育和培训、装备和辅助材料等。但是，由于文化产业存在经济与社会、公共与私营、正规和非正规的争论，该统计框架并没有明确指出文化产业的分类方法，而是通过文化周期模型囊括文化产业的广义范围。如图 3—1 所示：

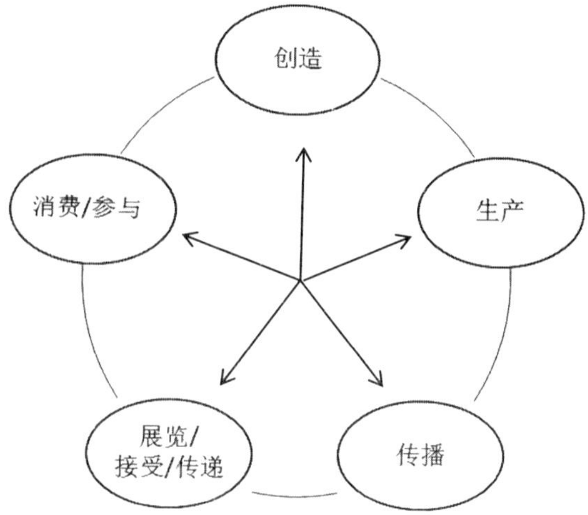

图 3—1　文化周期模型

首先，文化周期模型将文化活动分为 5 个阶段：

（1）创造。产生并创作想法和内容（如雕刻家、作家、设计公司）以及非重复性产品（如手工艺品、美术作品）的制作。

（2）生产。可重复生产的文化形式（如电视节目），以及实现重复生产所需的专业工具、基础设施和流程（如乐器生产、报纸印刷）。

（3）传播。让消费者和展览者接触到批量生产的文化产品（如批发、零售或出租音乐唱片及电脑游戏，发行电影）。通过数字化传播手段，有些产品或服务可以直接由创作者传递给消费者。

（4）展览 / 接受 / 传递。在消费场所以及通过授权或售票的方式向观众提供直播的 / 或是直接的文化体验，让其消费 / 参与按时间付费的文化活动（如组织并举办节日庆典歌剧院、剧场、博物馆）。传递则是针对那些不涉及商业交易且通常产生于非正式场合的知识和技能，其中包括非物质文化遗产的世代相传。

（5）消费 / 参与。指消费者和参与者消费文化产品、参与文化活动和体验的活动（如阅读、跳舞、参加狂欢节、听收音机、参观画廊）。

其中，每个阶段都可以是文化活动的起点，即具有循环相因的特征。而且，有的阶段可以进行合并或者不存在。例如，文化遗产的“创造”阶段发生在过去，现在的活动大多数属于“展览 / 传递”与“消费 / 参与”阶段。另外，由于技术创新的推动作用，不同阶段之间还存在交叉连接的关系，即具有相互联系的网状特征。例如，通过 YouTube 或者博客等途径，人们可以同时进行创造和消费。与《文化统计框架——1986》中的层次模型相比，文化周期模型更符合文化产业的发展现状，体现其动态性、循环性、网络性的特点，也为各国全面认识文化产业的概念和范围提供了参考。

反观上述国家对于文化产业的定义和分类，基于文化周期模型进行分析，则存在某些不足。英国将文化产业称为“创意产业”，但“创意”的概念和范围本身就难以界定。而且，“创意产业”主要体现在文化活动的创造和生产阶段，却又有可能涵盖了传统文化领域之外的范围，如信息和通信技术行业的研发活动。美国的“版权产业”和韩国的“内容产业”都侧重于文化产业的内容，忽视了相关的存档与保护、教育和培训、装备和辅助材料等方面，在分类方法上也没有体现文化周期模型的阶段特征。中国的《文化及相关产业分类 (2012)》借鉴了《文化统计框架——2009》的文化周期模型，在定义和覆盖范围上可与其衔接。既体现了文化活动的阶段特征，又考虑到相关的文化装备制造业和文化消费终端制造业。但是，中国将文化产业分为主要文化产业和相关文化产业，某些文化活动可能出现交叉重叠、划分不清的问题。

（六）“文化产业重大课题研究计划”课题组对文化产业的定义及分类

“文化产业重大课题研究计划”课题组是基于文化再生产理论对文化产业的定义和分类进行界定，[①] 这样有利于反映文化产业的本质特征和内在规律，更适合用来分析文化产业发展的宏观形势。

文化再生产理论认为：文化传承和创新的周而复始的过程可以视为“文化再生产”，主要包括创作、生产、传播和消费等四个相互联系的环节。首先是作品被创作出来，然后经过生产环节转化为产品，再通过传播环节变成商品进入消费。因此，文化产业的类别主要包括以下三个类别。一是文化内容生产，例如文学创作、音乐制作、舞台表演等。在这个环节中文化的载体和媒介发生变化，而且形式多样，但是内容生产的本质不会发生改变。二是文化传播渠道，例如出版物发行、广播电视传输、电影院线和演出院线。它是连接内容生产和消费阶段的重要桥梁，随着文化终端多元化、便捷化，文化业态更新换代，将会出现新的文化传播渠道。三是文化生产服务，它贯穿于文化再生产的各个类别，辅助文化生产，服务文化企业，例如印刷复制、软件开发等典型的文化生产服务，以及经纪代理、评估鉴定等要素市场的文化生产服务。

另外，文化产业是文化要素与经济要素相互融合的产物，因此派生出文化装备制造和文化终端制造两个产业类型。其中，文化装备制造业包括印刷复制、广播电视、电影和演艺等行业的专用设备以及油墨、纸张等专

---

① 张晓明、王家新、章建刚：《中国文化产业发展报告（2014）》，社会科学文献出版社 2014 年版，第 13—14 页。

用材料的制造。它是文化产业与科技融合的最佳切入点。随着奇怪传统文化产业升级换代、新兴文化产业蓬勃发展，文化企业亟须提高技术装备和机器设备的水平，文化装备制造业将迎来“黄金时期”。文化终端制造业主要针对传承和传播文化的载体和终端，既包括传统的电视机、录音机、乐器等，又包括现代的手机、电脑、数码产品等。尤其在数字化和网络化时代，随着文化终端不断更新换代，对于扩大文化消费、发展文化产业具有重要意义。在文化与经济融合过程中，文化产业不仅仅是处于被动地位，它也会渗透到国民经济的其他行业领域，从而出现了生产性文化服务。文化产业既可以作为最终消费产品，也可以生产“中间产品”，与制造业和服务业结合起来。例如，通过创意策划和工艺设计，既可以形象植入文具、玩具、服装之中，也可以将文化元素和符号植入建筑装饰材料之中，以提升相关品牌的知名度和附加值。

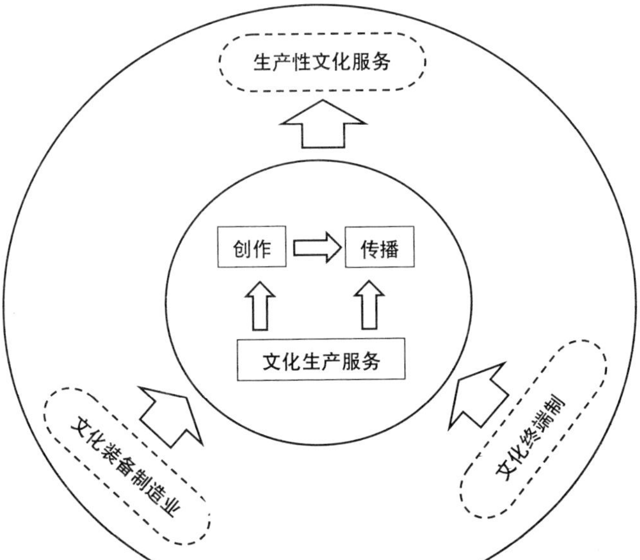

图 3—2　基于文化再生产理论的文化产业分析框架

二、文化产业的属性及特征

通过探究不同国家和组织对于文化产业的定义和分类，可以发现文化产业的概念界定和分类方法尚不统一，也难以确定。这主要是因为文化产业本身具有经济、政治、社会、文化的多重属性，而各国文化产业政策的侧重点可能有所差异。另外，与一般性产业相比，文化产业存在一些自身的特征：外部性、准公共物品性、创造性与复制性、娱乐性与教育性。其中，外部性和准公共物品性可能会导致市场失灵现象，需要政府进行适当干预。

（一）文化产业的属性

1. 经济属性

文化产业的经济属性可以从微观和宏观两个层次理解。从微观上来看，文化产业作为市场经济形态，必然涉及基本的买卖行为，必然涉及成本核算、盈利模式和市场规律，等等。在这里，生产者提供文化产品及服务，消费者则通过购买这些产品及服务来满足自身需求，两者之间的关系可以表现为纯粹的经济关系。从宏观上来看，文化与经济相互联系，文化以经济为基础，而经济以文化为背景。随着全球化趋势不断发展，文化与经济的一体化趋势也逐渐显现。根据经济学家波特的经济发展四阶段理论，在当前的创新驱动阶段以及未来的财富驱动阶段，文化资源对于国民经济发展具有越来越重要的作用，而文化产业也将成为国家主导性产业，甚至是支柱性产业。[①] 通过英、美、日、韩等国文化产业发展的实践经验，也可以看出文化产业对于推动产业结构和经济结构优化具有重要作用，它能够让相关产业产生较强的关联效应，从而推动经济、文化、技术等要素相互

① [美]迈克尔·波特：《国家竞争优势》，李明轩等译，中信出版社2012年第2版，第531页。

融合，并促进整个产业链条不断延伸。例如，受到1997年金融危机影响之后，韩国逐渐由以传统产业为经济重心转变以文化产业为新兴势力，于1998年提出“文化立国”的战略方针，提出将文化产业作为21世纪发展国民经济的支柱性产业。这正是由于文化产业与其他产业存在很强的互动效应，而且对国民经济和社会文化具有正向的促进作用。如今，韩国已经成为世界范围内文化产业最具有竞争力的国家之一。

2. 政治属性

文化产业具有鲜明的政治属性。一方面，文化产业会对现实政治造成影响。基于文化产业的定义，它是指内容的生产、储存以及分配。但是，在进行内容生产、储存以及分配的过程中，都可能带有意识形态特征，包含对现行政治行为的积极或消极态度，进而影响社会公众对于政治主体的褒贬评价。[①] 其中，新闻媒体作为舆论工具，其参政性和干政性尤为突出。另一方面，文化产业具有独特的政治功能，能够为统治阶级服务。文化产业所提供的文化产品及服务，不仅具有娱乐和教育的作用，还能够传递特定的价值观和民族观。因此，人们在接受文化消费的过程中，还在接受文化产品和服务本身蕴含的思想和意义，从而得到教育或者改变人们的行为、观念、意识。某些文化产品和服务还具有国家性、民族性、地域性的特征，能够激发人们的凝聚力和向心力。这样有利于统治阶级宣扬特定的政治统治和政治制度的合法性，并对现行政治制度的合理性提供解释，为正式政治制度的改变提供强化机制，维护政治体系和社会秩序的稳定。

3. 社会属性

所谓社会属性，是指文化产业对人们社会行为方式的影响状态。通过提供文化产品和文化服务，能够满足社会公众的精神文化需求，影响他们

---

① 胡慧林：《文化产业学》，高等教育出版社2006年版，第62页。

的生活态度和生活方式，改变他们观察世界和认识世界的思维方式，并最终体现在社会行为方式上。例如，随着电视行业的发展和电视节目的普及，电视逐渐成为人们休闲娱乐、获取信息、社会交往的重要方式。媒体心理学家温特豪夫·斯伯格通过研究发现，电视影响着人们的社会行为方式，并开始塑造新的社会性格。[①]另外，在文化产业发展过程中，文化产品和服务的生产者与消费者之间通过创造、参与和体验等环节，把各种观念、思想、意识进行融合，协调各种社会心理、社会行为和社会伦理，这对于社会关系以及社会秩序的稳定具有重要作用。[②]所以，各国政府和社会组织越来越重视文化产业的社会属性，要求发挥文化要素的社会行为规范效应，促进社会内部环境的和谐发展。其中，如何保障公民的基本文化权益，尤其是保障困难群体参与和享受文化生活的基本权利，成为政府部门和第三部门最为关注的课题之一。

4. 文化属性

文化属性是文化产业的本质属性，也是文化产业与其他产业之间存在的最大区别。实际上，文化产业的整个生命周期都是关于文化的生产、流通、传播和交流，其根本目的在于满足社会公众多层次、多元化、多样性的精神文化需求。对于个人而言，文化产业的文化属性表现为审美功能和教育功能。文化产品是一种兼具物质形态与精神内涵的商品。人们在消费这种商品时，可以获得颜色、形状、声音等感官方面的享受，而其中的精神内涵更为重要，能够起到丰富知识和升华思想的作用。对于社会和国家而言，文化产业的文化属性则体现为社会导向力和国家凝聚力。通过创新文化产业，激发文化活力，不仅能够推动社会进步和发展，还能够强化整

---

① 胡惠林：《论文化产业的属性与运动规律》，《上海交通大学学报》（哲学社会科学版）2007年第4期。
② 胡惠林：《论文化产业的属性与运动规律》，《上海交通大学学报》（哲学社会科学版）2007年第4期。

个国家和民族的集体合力，强化国民的认同感和归属感。

（二）文化产业的特征

1. 外部性

当某一实体（个人或企业）的活动以市场机制之外的某种方式直接影响另一实体的福利时，这种影响就称为外部性。文化产业具有外部性特征，主要是因为某一实体对文化产品及服务的生产和消费会对其他的实体产生影响，而这种影响没有在市场机制之内考虑。另外，文化产业的外部性特征主要表现在两个方面。第一，从文化产业的生命周期来看，其生产和消费阶段的外部性特征尤为明显。在生产阶段，大力推动文化产业发展，不仅能够发挥文化资源的经济效益，还能够发挥互动效应和辐射效应，带动互补性产业和服务性产业迅速发展。在消费阶段，带有积极意义的文化产品可以满足消费者自身的精神需求，同时也会增加其他社会成员的福利水平。例如，通过文化产品和服务传播公民道德和民族文化，有利于约束社会行为规范，增强整个民族的凝聚力。当然，带有消极意义的文化产业将会带来负外部性。第二，从文化产业的影响范围来看，其外部性具有时空性。既有代内外部性，主要是指文化产业对个人素养、社会规范、民族文化的短期影响；又有代际外部性，主要是指文化产业对于文化传承、创新以及可持续发展的长远影响。[①] 从经济学角度来看，对于具有外部性的产品和服务，市场调节可能出现失灵，需要由政府提供一定补贴以弥补市场不足。例如，在文化企业发展过程中，尤其是在起步阶段，存在初始投入大、风险程度高的经营困难。此时，政府可以直接提供财政补贴，也可以通过税收减免、政策优惠等方式间接地提高补贴，一定程度上为这些成长

① 左惠：《文化产品的外部性特征剖析》，《生产力研究》2009 年第 7 期。

初期的文化企业提供支持。

2. 非公共物品性

非公共物品与纯公共物品是相对应的概念。纯公共物品指那些消费具有非竞争性和非排他性的物品，而非公共物品是指那些消费同时具有竞争性和排他性的物品，也被称为私人物品。另外，准公共物品介于纯公共物品和私人物品之间，是指消费中具有一定程度的竞争性或者排他性的物品。由此可见，大多数文化产品和服务应该属于非公共物品的范畴。因为它们的供给数量有限，难以实现非排他性；而且增加一个人对文化产品和服务的消费会导致供给者的成本增加，或者在不同程度上导致其他人的消费减少。然而，在一定约束条件下，也可以认为某些文化产品和服务属于准公共物品和纯公共物品的范畴。例如，对于收费的广播节目或者电视节目，其消费具有排他性，即可以通过收费方式阻止其他任何人欣赏广播节目或者电视节目。但是，其消费具有非竞争性，即消费的边际成本为零，多增加一位消费者也不会影响其他消费者。又如，对于公共图书馆、文化馆、博物馆以及流动文化服务站（服务车）等公益性文化产品和服务，它们在消费上具有非竞争性和非排他性，可以视作纯公共物品。如今，各国政府都对公益性文化产品和服务的生产和提供给予高度重视，并将其作为提高国民综合文化素养、保障公民基本文化权益、促进社会和谐发展的重要途径。但是，政府必须首先对文化产品和服务进行明确定位，而不是简单地将其全部定位为公共产品，并且应该更多地通过市场化和产业化的方式来提供。

3. 生产具有营利性和风险性

从生产活动来看，文化产业的生产具有营利性和风险性的特征。首先，文化产业的经济性要求其生产活动也具有经济性，文化产业生产者和创造者通过投入人力、物力、财力获得产出，并追求收益最大化。而追求收益最大化的过程其实是文化产品和服务进行生产、传递、消费的过程，其中包含着文化价值的转换和实现，最终使文化价值转换成为商业价值。但是，由于文化产品和服务所包含的文化价值难以量化，需要市场进行确认，所以投入和产出之间会出现不确定性和不对等性，生产活动的风险程度较高。[①] 例如，制作成本高的电影获得收入可能少于制作成本低的电影，投入和产出的比例关系在于消费者如何选择。

4. 消费具有多样性和高弹性

从消费环节来看，文化产业的消费具有多样性和高弹性的特征。一方面，受各种因素的影响和制约，每个人的文化消费能力、消费偏好、消费方式不同，从而形成了多层次、多样化、多方式的文化消费需求。另外，每个人对文化产品和服务的消费水平、消费环境、消费需求都是不断变化的，这要求文化产业不断进行调整和更新。另一方面，基于马斯洛需求层次理论，文化消费并不是人们的基本生存需求，而是为了满足更高层次的精神需求。对于满足人们基本生存需要的消费而言，其需求收入弹性较小，但是文化消费的需求收入弹性较大。另外，根据“经济人”假设条件，消费者是在收入约束的前提下追求自身效用最大化，即消费者会考虑文化产品和服务的支付价格，以及它们所带来的经济效用，这使得文化消费需求具有较高的价格弹性。

5. 创造性与复制性并存

创造阶段是文化产业周期的核心阶段，即内容创新是文化产业发展的动力源泉和关键途径，这要求文化产业必须体现创造性特征。虽然其他产业也具有一定的创造性，但是文化产业尤其强调内容生产的原创性和独特性，否则生产出来的文化产品将会缺乏市场竞争力和消费吸引力。同时，

---

① 唐坚：《文化产业经济学》，对外经济贸易大学出版社 2015 年版，第 46 页。

文化产业具有复制性特征，即文化产品主要是通过对原创文化符号大批地复制生产出来的。法兰克福学派的代表人物霍克海默和阿道尔诺就对此进行批判，他们认为批量化、模式化的工业生产会使文化产品丧失原有的文化属性。但是，文化产业的复制生产与传统工业的批量生产有所不同。传统工业的批量生产是一种单纯的制造，并不注重产品的文化内容。而文化产业的复制生产只是针对内容载体，内容本身没有因此改变。

6. 娱乐性与教育性兼具

随着国民生活水平不断提高，物质需求基本得到满足，部分群体开始追求更高层次的精神需求。在这种背景下，文化产业的娱乐性特征逐渐显现，社会公众需要更多休闲娱乐的产品和服务，来丰富自身的精神文化生活。这种消费需求是推动广播影视业、文化娱乐业、文化旅游业等迅速崛起的积极因素，更是促进我国文化产业发展的重要基础。另外，文化产业还具有教育性特征。文化产品和服务本身包涵各种生产主体的思想、意志、情感、愿望等因素，当人们在进行文化消费时，可以从中得到潜移默化的教诲、熏陶和影响，从而使消费者的思想、情感得以变化。树立积极向上的精神文化理念，既有利于提高个人的艺术素质、审美水平和生活情趣，又有利于增强社会凝聚力和民族认同感。

第二节　文化产业相关理论

法兰克福学派最早提出“文化工业”的概念，并首创了“文化工业”理论，是西方文化产业理论的起始，其批判思想对后来的文化产业理论研究影响深远。法兰克福学派之后，西方文化产业理论开始沿着两条路线发展：一是以基础理论研究为中心的英国文化学派文化产业理论；二是以实践和政策研究为中心的美国应用文化产业理论。总之，文化产业理论发展始终与社会背景密切相关。随着国内国际的经济社会环境改变，文化产业理论也会与时俱进，适应变化。

一、法兰克福学派文化产业理论

（一）理论背景

法兰克福学派创建于1923年，是由以德国法兰克福大学社会研究所为中心的一群社会科学家、哲学家、文化批评家所组成的学术团体。他们都对资本主义工业文明持有否定态度，并在社会运动的实践基础之上提出了批判性的文化产业理论。法兰克福学派文化产业理论的产生具有其特殊的时代背景。20世纪上半叶，科学技术迅速发展，人类社会的生产力得到极大提高，社会公众对于文化消费的需求愈加旺盛，从此文化工业时代也就拉开帷幕。但是，通过批量制造、简单复制的方式来提供文化产品，过分重视文化要素的商业性和娱乐性，却忽视了它们原有的高雅性和艺术性。这不仅导致人们的思考能力和创新意识减退，还会给整个人类社会的文化价值带来灾难，使文化和艺术失去了原本的超越精神。另外，在文化工业的环境中，人们被剥夺了自由选择文化消费的权利，只能接受这些缺乏思想深度的复制产品，文化产品俨然成为统治阶级控制意识形态的工具。基于上述时代背景，法兰克福学派从保护人类社会的文化价值出发，从批判资本主义工业文明的根本矛盾出发，首次提出“文化工业”的概念和理论，对世界文化产业理论发展具有里程碑式的意义。

（二）理论概述

法兰克福学派文化产业理论的主要观点可以概括为以下几点。第一，“文化工业”是文化的商品化。通过标准化生产过程，文化产品同样获得了与其他商品共同的形式。然而，文化产业发展需要付出沉重代价，它导致文化的艺术性完全丧失，对个人乃至整个社会的创新意识和个性追求造成威胁，不利于个人发展和社会进步。第二，“文化工业”是国家统治工具。20世纪30年代是国家和独裁资本主义时期，国家和大型公司主宰着国家经济命脉，个人则受到国家和公司的控制。国家权力通过文化产业控制和改造人们的意识形态、行为规范，使得社会公众的文化需求具有单一性和统一性的特征，这样有利于统治阶级维护自身权力和利益。第三，提倡高雅文化，反对大众文化。“高雅文化”是“真正艺术”，它能给予人们全面的教育，发挥人性的纯粹品质。而文化工业时代兴起的“大众文化”不仅低劣，还具有意识形态属性，带有欺骗大众、消费大众的功能。①

法兰克福学派文化产业理论是以20世纪上半叶的时代背景为基础，对文化工业的现状和本质进行剖析。对于当时的经济和社会环境而言，该理论中的社会批判精神具有深刻性和彻底性。但是，文化产业发展是一种历史必然现象，有其客观性和合理性。在20世纪70年代以后，随着文化产业快速发展，法兰克福学派文化产业理论对文化产业的现象和机制失去了现实解释作用，片面的工业批判思想的弊病也日益显露。

（三）学派代表人物及其观点

法兰克福学派对于世界文化产业理论发展具有奠基作用。对后来的英国文化学派和美国应用学派产生深远影响。该学派的代表人物也比较多，主要有马克斯·霍克海默、西奥多·阿道尔诺、瓦尔特·本雅明、赫伯特·马尔库塞、尤尔根·哈贝马斯等。

马克斯·霍克海默是法兰克福学派的创始人，并于1931年开始担任法

① 邵培仁、李梁：《媒介即意识形态——论法兰克福学派的媒介控制思想》，《浙江大学学报》（人文社会科学版）2001年第1期。

兰克福大学社会学研究所所长。20 世纪 30 年代起，霍克海默主要致力于建立一种社会批判理论。这种理论不满足于对资本主义社会进行经济学和历史学的实证性分析，而是要求将“整个人类的全部物质文化和精神文化”作为研究对象，揭示和阐释“作为社会成员的人的命运”。[①] 霍克海默对文化产业持有批判性观点，他认为“文化工业”受到商业力量影响，丧失了艺术本身的超越精神；而且文化产品过分依赖于机械化操作，导致产品的内容和风格出现雷同，缺乏应有的艺术价值；再加上官僚机构对文化媒体的垄断，实际上是统治阶级通过文化产业操纵人们的意识形态，打消个人的批判精神和创新意识，以维护和巩固自身统治。其代表作品有《传统理论和批判理论》《启蒙的辩证法》《工具理性批判》《社会哲学研究》等。

西奥多·阿道尔诺是法兰克福学派的奠基人物，并于 1959 年担任法兰克福大学社会学研究所所长。由于阿道尔诺提出的社会批判思想影响较大，学界还授予他“社会哲学家”的称号。阿道尔诺也对“文化工业”秉持否定的态度，认为文化产业给社会公众提供同质化、标准化的产品和服务，使得他们逐渐丧失独立思考和分辨优劣的能力，这样有利于统治阶级控制他们的意识形态和行为方式，达到维护资本主义统治的最终目标。另外，阿道尔诺文化还提出：“工业制造资本主义的供给需求，但这些需求都是虚假的，真正的需求应该具有自由和创造的精神。”即文化工业创造出来的文化需求是虚假的，社会公众并不是主动创造和消费文化产品，而是被动地接受统治阶级所提倡的文化产品。[②] 其著作主要有《棱镜：文化批判与社会》《否定的辩证法》《美学理论》等。

瓦尔特·本雅明是法兰克福学派的重要人物，他的思想主张与法兰克

---

① 潘知常：《批判的视境：传媒作为世界（上）——西方传媒批判理论的四个世界》，《东方论坛》2007 年第 3 期。

② 陈文旭：《阿多诺“文化工业”批判理论及其启示》，《北京交通大学学报》（社会科学版）2014 年第 1 期。

福学派的文化产业理论密切联系，但是他对“文化工业”秉持较为积极的态度。因此，学界称其为法兰克福学派的“边缘人物”。在《机械复制时代的艺术作品》中，本雅明提出：“复制技术使艺术品从少数人垄断和欣赏中解放出来，为多数人所共享，给文化带来了新的发展空间。”他表达了一种技术乐观主义，强调技术的民主潜力和参与潜力，使得越来越多的大众可以接受和欣赏艺术，并拥有进行批判评价的机会。[①] 而且，他认为“文化工业”对艺术作品的复制并没有破坏其艺术内涵和功能，只是改变了某些外在形式。但是，他对“文化工业”也表现出了一些遗憾的观点，认为文化复制品无法达到原作的真实水准，因而其价值也就大打折扣。[②] 本雅明还在马克思主义经济理论的基础上提出了艺术生产理论。他认为：艺术创造本身就是一个生产过程，与其他一般性商品的生产过程具有相同之处，在这个过程中生产技术发挥了决定性作用。在复制技术和教育水平发展越来越成熟的情境下，少数艺术创作者和多数受众之间将不再是对立的关系，而且它们之间的界限会越来越模糊，创作者和受众很有可能进行融合。[③] 本雅明的著作有《歌德的亲和力》《德国悲剧的起源》《机械复制时代的艺术作品》等。

赫伯特·马尔库塞也是法兰克福学派的重要人物。自 20 世纪 50 年代，他主张结合弗洛伊德主义和马克思主义，并对当代资本主义进行分析和揭露。马尔库塞的社会批判理论主要体现在其美学思想上，他认为：艺术的大众化和商业化使之成为压抑社会的工具，进而导致个人和文化的单向度，而美学是摆脱压抑社会、解放人类思想的唯一学科，是单向度社会中双向

① 温朝霞：《本雅明的生产论美学再认识》，《马克思主义研究》2009 年第 6 期。
② 温恕：《从〈机械复制时代的艺术作品〉看本雅明的艺术生产思想》，《重庆师范大学学报》（哲学社会科学版）2004 年第 3 期。
③ 王洪志、张海燕：《本雅明艺术生产理论内部矛盾解读》，《河北师范大学学报》（哲学社会科学版）2007 年第 3 期。

度的批判形式。[①]他的著作有《理性和革命》《单向度的人》《论解放》《艺术和永恒性》等。

尤尔根·哈贝马斯是德国当代最重要的哲学家、社会理论家之一，也是西方马克思主义法兰克福学派第二代的中坚人物。他对早期法兰克福学派的批判理论提出了质疑，认为这些理论缺乏对现实社会的经验研究，而是过分依赖工具理性批判，仍然把理性看作是一种先验的力量，没有把握理性的真正意义。其著作主要有《公开活动的结构变化》《走向合理的社会》《晚期资本主义的合法性问题》《交往的理论》等。

二、英国文化学派文化产业理论

（一）理论背景

英国文化学派创建于 1964 年，并在伯明翰大学成立了当代文化研究中心，因此又被称为伯明翰学院派。该学派早期的文化产业理论深受阿尔都塞“意识形态”理论以及葛兰西“文化霸权”理论的影响；20 世纪 70 年代，该学派接受了结构主义和后结构主义的理论成果，并应用到自身的文化产业研究中；20 世纪 80 年代，随着科技发展，电视电影、流行音乐、杂志报纸等大众传媒兴起，该学派则扩大研究范围和领域，不断丰富和创新文化产业理论。[②]

英国文化学派的文化产业理论具有情景化特征，其形成与发展和当时的社会环境密切联系。20 世纪 60 年代以来，英国面临着严峻的社会危机、

① [美]赫伯特·马尔库塞：《单向度的人：发达工业社会意识形态研究》，刘继译，上海译文出版社 1989 年版，第 53—54 页。

② 国伟：《西方文化产业理论与文化产业概念初探》，《山东省农业管理干部学院学报》2008 年第 3 期。

文化危机和心理危机。[①]虽然该时期英国经济发展态势良好，但随着英国帝国主义在全球范围内撤退，社会公众表示出强烈不满。再加上社会混乱和道德秩序的失衡，人们开始对资本主义社会充满失望和茫然。另外，“二战”结束之后，随着各国之间的贸易和交流不断加强，美国商业文化开始涌进整个西方社会。此时英国的本土文化面临挑战，而英国传统文化利维斯主义无法改善现状。除此之外，在资本主义工业文明下，社会公众的精神受到一定摧残。现代工业社会利用文化工业对人们精神意识进行统治和控制，使得个人的生活方式与工作方式逐渐服从于文化工业机械化、标准化的生产模式，进而引发严重的心理危机。

（二）理论概述

英国文化学派虽然继承了法兰克福学派的批判视野，但是它和法兰克福学派在基本态度、研究视角、主要观点等方面存在明显差异。首先，从对文化产业的基本态度来看，除本雅明对文化工业复制技术秉持乐观态度外，法兰克福学派的其他学者都对文化产业持有批判和否定的态度，而英国文化学派对于文化产业的态度则更为积极。其次，从对文化产业的研究视角来看，法兰克福学派主要是从批判资本主义工业的宏观角度出发，而英国文化学派侧重从制度话语和思想意识等微观政治角度来分析。另外，从对高雅文化和大众文化的认识来看，法兰克福学派提倡高雅文化、反对大众文化，但是英国文化学派坚持辩证地看待高雅文化和大众文化，强调在现代社会中应当多一些社会公众可以领略和参与的文化内容，少一些所谓的精英主义文化。

另外，英国文化学派对西方文化产业理论发展做出巨大贡献，其理论

① 陈慧平：《伯明翰学派“大众文化”的三大特征及其借鉴意义》，《国外社会科学》2014 年第 3 期。

创新主要表现在下面三个方面。第一，重新解读“文化”的定义，认为“文化”是一种社会的生活方式，促使文化产业理论的研究对象由精英文化转变为平民文化。第二，创造性地提出“通俗文化”的概念，辩证地认识“通俗文化”在经济基础与上层建筑、意识形态与个体观念、集体存在与个体之间所发挥的中介功能，并要求突出文化的平民立场，保障弱势群体、边缘群体的文化权利。这符合当时民众参与意识增强、平民社会地位有所提高的现实局面。第三，利用编码解码理论对“通俗文化”产品的消费和传播过程进行阐释，进一步说明传者和受者之间的平等关系，使社会公众和学者对于文化产业的态度由悲观否定向积极肯定转变。

（三）代表人物及其观点

在面临巨大的社会危机、文化危机和心理危机的时代之下，英国涌现了一批具有深刻忧患意识的知识分子，他们深入地了解了下层人民的生活，从具体的社会实践中总结经验和教训。英国文化学派就是其中一股重要的力量，其代表人物主要有雷蒙德·威廉姆斯、斯图亚特·霍尔、特里·伊格尔顿等。

雷蒙德·威廉姆斯是英国文化学派的开创者，代表作有《文化与社会》《漫长的革命》《政治与文学》等。他主要是对“文化”的概念界定进行研究，并将感觉结构理论作为探讨文化与社会之间关系的重要工具。在《文化与社会》中，他认为“文化”指知识与道德活动的群体，也指整个生活方式。因此，文化不应该只有高雅文化，文化应该是普通的社会性活动。在《漫长的革命》中，他又对“文化”的定义进行扩展，提出“文化”的三个层次：一是普遍的或绝对的价值；二是知识性和想象性的作品；三是社会层面的生活方式，除上述两个层次之外，还包括生产组织、家庭结构、表现或制约社会关系的制度结构等。只有这样认识和解释文化的内涵，才能正确看待精英文化和大众文化之间的关系，推动文化产业理论由早期的精英文化研究转向大众文化研究。

斯图亚特·霍尔是英国文化学派的早期代表人物，致力于媒介与大众文化研究，被誉为当代文化研究之父。代表作品有：《电视讨论中的编码和译码》《文化研究：两种范式》《意识形态与传播理论》《文化、传媒、语言》等。霍尔的主要贡献是提出了一种有关编码与解码的理论，他认为受众对媒介文化产品的解释存在三种相互联结的模式，即偏好解读、协商解读和对抗解读。① 而且，受众对解释模式的选择情况与他们在社会结构中的地位和立场相对应。基于编码与解码理论，文化产品和消费不再是国家进行意识形态干预和统治的工具，也不是资产阶级攫取巨额利润的手段，传者和受众的关系应当是平等的。因此，如果商业化的文化产业能够为大众所接受，那么它也会得到大众的认可和赞同。

特里·伊格尔顿是当代杰出的文化理论家，也是正统的马克思主义者。其代表作品有《批评与意识形态：马克思主义文学理论研究》《马克思主义与文学批评》《批评的作用：从观察家到后结构主义》《审美意识形态》等。伊格尔顿的理论具有三大话语背景：一是西方马克思主义，提供基本的理论框架；二是英国本土的文化研究传统，提供独特的问题视角；三是当代西方的各种理论思潮，如结构主义和后结构主义等，提供多样的分析方法。另外，伊格尔顿提出文化具有三个相互关联的意义：一是指价值得到认同的具体的思想和艺术作品，以及制作和分享该作品的过程；二是指社会的生活方式、习俗、道德、价值观等组成的不断变迁但无法触摸的“情感结构”；三是指制度意义上的社会的整个生活方式，包括艺术、经济、社会、

① 陈力丹，林羽丰：《继承与创新：研读斯图亚特·霍尔代表作〈编码/解码〉》，《新闻与传播研究》2014年第8期。

政治和意识形态等相互作用的所有成分。[①] 伊格尔顿还将意识形态作为研究重点，认为文化理论的兴衰折射出了社会文化意识形态语境的变化。他认为在20世纪60年代文化理论繁荣发展，并非只是理论本身发展的结果，更是资本主义社会的意识形态与文化关系发生深刻裂变的结果。

三、美国应用文化产业理论

（一）理论背景

美国应用文化产业理论在20世纪末兴起，它是以文化产业的应用实践为研究基础，以文化产业的生产、流通、营销的整个过程为研究对象，代表了当今世界文化产业理论研究的新方向。美国应用文化产业理论的产生和发展与美国的经济社会环境密切相关。一方面，第三次技术革命推动美国的文化产业蓬勃发展，并产生国民经济结构优化、文化贸易迅速增长的连锁效应，使得美国成为世界范围内的文化强国；另一方面，美国接受来自各地的外来移民，其中欧洲移民居多，这种社会环境使得当地居民更能够以一种宽容的态度来接受外来文化。

（二）理论概述

美国应用文化产业理论继承了法兰克福学派和英国文化学派的理论思想，尤其是英国文化学派宽容和务实的研究态度。但是，美国应用学派对于文化产业的态度更为积极和宽容，他们的研究对象也更为具体，主要是以文化产业的生产和消费阶段为研究重点。在文化产业理论研究方面也有重要创新，例如：对于大众文化与精英文化之间的关系，对于大众文化的

---

① 穆宝江：《文化产业发展理论的主要流派及其观点评析》，《长春教育学院学报》2012年第5期，第1—2页。

生产者与接受者之间的关系。但是，该文化产业理论也存在着某些不足，主要体现为削弱了前人的批判精神，偏离了传统批判主义的轨道。

（三）代表人物及其观点

美国应用文化产业理论的代表人物主要有约翰·费斯克、郝伯特·甘斯、弗雷德里克·詹姆逊等。

约翰·费斯克是当代英美学术界著名的大众文化理论家，提出“大众文化就是日常生活”的著名观点，他的代表作品有《解读电视》《理解大众文化》《阅读大众》等。费斯克对法兰克福学派的某些观点进行修正，认为大众文化是由下至上创造出来的，而不是由外部因素和上层因素决定的，因此不能将大众看作是文化消费的被动接受者。另外，大众个体都有不同的背景和身份，都有自己独立的思考能力，他们对于文化产品进行理解和认可的过程形成了大众文化。所以，即使受到文化统治下的意识形态控制，大众仍然是以一种独特的方式来创造属于自己的文化。[①] 费斯克还提出了“两种经济”理论，一种是“金融经济”；一种是“文化经济”。[②] 他还在此基础上研究文化及其产业化的问题，认为在资本主义社会中，文化产品及服务作为文化工业制造出来的产品，其实就是在这两个领域之间进行流通。

郝伯特·甘斯是当代美国最为重要的社会学家之一，代表作品有《大众文化与高雅文化》《中产美国的个人主义》《民主与新闻》等。甘斯对文化产业理论的贡献主要表现为两点：一是“品位文化”理论；二是文化平等理论。在“品位文化”理论中，他首先根据社会个体的性别、地位、种族、宗教等社会标准，将现代美国社会划分为五种“品味公众”，即高雅文化、

---

① 陈立旭：《大众文化研究：另一种视野——费斯克大众文化理论研究审视》，《中国文化产业评论》2008 年第 1 期。

② 陈昌勇：《费斯克两种经济理论对大众文化研究的启示》，《太原师范学院学报》（社会科学版）2006 年第 6 期。

中上等文化、中低等文化、低俗文化和准民间文化，并进一步解释了大众文化和精英文化各自存在的理由。大众文化主要取决于消费者，其目的是让消费者在消费过程中获得快感和意义；精英文化主要取决于生产者，目的在于使创作者的审美和灵感在创作过程中得到充分展现。[①] 另外，他还在此基础上提出了文化平等理论，认为大众文化和精英文化没有贵贱之分，二者可以共同存在和发展。因为人们的生活和成长环境会对其接受倾向产生影响，导致二者拥有各自不同的接受群体。[②]

弗雷德里克·詹姆逊是当代美国最重要的文学研究家和文化批评家，其代表作有《马克思主义与形式》《后现代主义或晚期资本主义的文化逻辑》《快感：文化与政治》等。他的成就主要表现在三个方面：叙事分析、意识形态分析和文化批判。其中，他对文化的批判可以归纳为三点：文化大众化问题、形象转向问题和文化与经济问题。关于文化大众问题，詹姆逊认为：随着现代社会步入消费文化阶段，文化逐渐出现大众化的发展趋势，主要表现为高雅文化与通俗文化的界限存在模糊、纯文学与通俗文学的形式和内容出现叠加。关于形象转向问题，詹姆逊提出随着文化产业不断发展，以语言为中心的文化正在转向以视觉为中心的文化。音乐电视和电影在文化中占据越来越重要的地位，就是这一发展趋势的证明。关于文化与经济的关系，詹姆逊提出了"形象就是商品"的新颖观点。[③] 他认为文化在现代经济的决定性影响下已经实现商品化，并且能够通过工业化的生产模式提供适合消费者偏好的产品。而且，文化产品和其他产品之间具有紧密联系，因为消费者在购买商品的价值与功能时，必然也会考虑具有文化色彩的形象问题。

---

① 王建平：《"品味阶层"：现实抑或表象？》，《学术论坛》2007 年第 1 期。
② 张谨：《精英文化的式微及其与大众文化关系的再思考》，《前沿》2013 年第 7 期。
③ 孙景民：《从经济的视角审视文化——论美国文化产业理论》，《北京工商大学学报》（社会科学版），2006 年第 6 期。

第四章 理论框架

第一节 交易费用理论及其影响因素

一、交易费用理论

交易费用理论是新制度经济学的核心范畴。在传统经济学理论中，一般是把理性个人作为分析的基本单位和根本出发点，强调个人有判断选择和行为的成本以及收益情况的能力，并且能够实现成本最小化和收益最大化。新制度经济学用“现实的人”来代替“理性的人”，认为现实经济社会不可能是无摩擦的“鲁滨孙世界”，而是一个广泛存在交易费用的世界。

科斯和威廉姆森等人主要是从契约的狭义角度出发，分析交易费用的概念。在《企业的性质》中，科斯根据交易活动的不同阶段，对市场交易过程中所产生的成本进行分类：第一，交易准备阶段的费用，即通过价格机制组织生产的费用，包括为获取和处理市场信息的各种费用；第二，交易活动进行时的费用，即市场交易的谈判和签约费用，包括讨价还价、定理合约及履行合约的各种费用；第三，由于市场不确定性导致的其他费用，例如长期合约的实施和监管费用。在《社会成本问题》中，科斯明确提出“市场交易成本”的概念，认为交易费用包括度量、界定和保障排他性权力的费用，发现交易对象和确定交易价格的费用，讨价还价、订立契约的费用，监督契约严格履行的费用等。威廉姆森将交易视为分析的基本单位，并将交易费用分为“事前的”和“事后的”两类：事前交易费用是指达成契约的成本，例如起草、谈判、实施契约的成本；事后交易费用是指契约签订后发生的成本，例如修改、解除、监督契约的成本。[①]

阿罗和张五常等人主要是基于社会的广义角度，将交易费用视为“制度费用”。阿罗认为交易费用是制度的运行费用，包括制度确立或制定成本、制度的运行或实施成本、制度的监督或维护成本、制度的创新或变革成本等。就产权制度而言，其交易费用包括产权制度确立、实施、维护、创新、调整的成本。张五常也认为，交易费用实际上就是所谓的“制度费用”，包括所有那些不可能存在于没有产权、没有交易、没有任何一种经济组织的“鲁滨孙经济”中的成本。即交易费用是广泛地发生于人与人之间的社会关系中，离开了人的社会关系，交易活动不可能发生，交易费用自然也不会存在。[②]

综上所述，交易费用可以从不同角度进行阐述：从微观角度来看，交易费用是谈判、签订及履行契约的费用；从宏观角度来看，交易费用是制度确立、运行、监督和创新的费用。而通过交易成本分析的方法，比较不同契约安排或制度安排的交易费用，可以找出最优效率的结构形式。本书将利用交易费用分析的方法，首先，根据产品和服务的生产特征对其进行分类；其次，针对不同类型的产品和服务，分析市场交易的成本情况，提出相应的政府角色及政策工具。最后，由一般性质的产品和服务扩展到文化产品和服务，探讨文化产业发展中政府部门应采取何种角色定位，选择何种结构安排。

---

① 卢现祥、朱巧玲：《新制度经济学》，北京大学出版社2012年版，第81—82页。
② 卢现祥、朱巧玲：《新制度经济学》，北京大学出版社2012年版，第84页。

二、交易费用的影响因素

(一)完备契约及其要求

完备契约是指对所有可能事件中所发生的成本和收益进行分配，并使各方都认识到履行契约是最优选择的结构安排。这种安排能有效地解决激励问题，实现预期计划。[①] 但是，完备契约必须具备以下三点要求：第一，契约各方都必须预见履约期间所有可能发生且非常重要的相关事件，并且能够准确地对这些事件进行描述，能够在预期事情发生后清楚地知道哪些具体情况实际上已经发生；第二，契约各方必须愿意且能够针对每一个发生的事件确定有效的行为过程和支付，并达成协议；第三，一旦达成契约，契约各方必须情愿接受契约规定的条款。[②]

由此可见，如果契约能够预见未来可能出现的所有情况，每种情况下的契约各方的权利和义务，以及权利和义务的执行机制，那么这样的契约就是完备契约。然而，在现实市场条件中，人们不能充分考虑所有可能事件，计算出每一个事件的成本和收益情况。因此，契约常常是不完备的。不完备契约会导致激励问题，契约各方可能出现自利行为，这不利于契约的顺利达成。

(二)契约完备程度与交易费用

契约完备程度对交易费用具有决定性作用。一般地，完备契约能够降低事后讨价还价的可能性，从而节约交易费用，但是这会导致事前的交易费用上升。而不完备契约在签订时的交易费用可能较低，但是事后的交易

① 周小梅：《提升医疗服务业绩效的制度经济学分析》，中国社会科学出版社 2009 年版，第 35 页。

② [美]保罗·米尔格罗姆：《经济学、组织与管理》，费方域译，经济科学出版社 2004 年版，第 137 页。

费用可能较高。[1] 如图 4—1 所示，交易总费用最低的状态是事前费用和事后费用之和最低的情况。

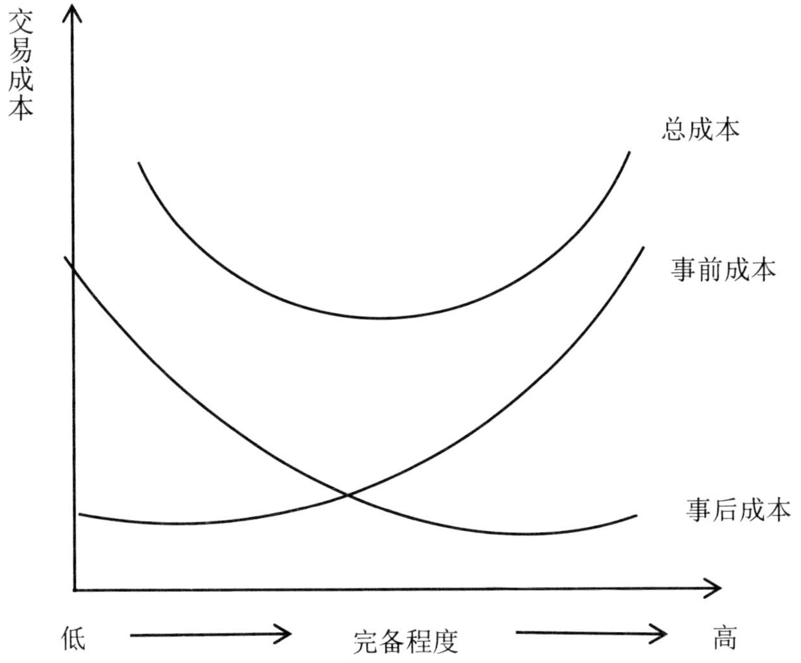

图 4—1　契约完备程度与交易费用

（三）影响契约完备程度的主要因素

如前所述，契约完备程度影响签订契约的事前费用和事后费用，而签订契约的事前费用和事后费用决定交易总费用的高低。威廉姆森不仅将交易费用分为“事前的”和“事后的”两类，还针对事前费用和事后费用的影响因素进行较为全面地分析。他将这些影响因素归为不同性质的两类：第一类是交易因素，主要涉及市场环境和交易特征，包括资产专

① 张维迎：《博弈论与信息经济学》，上海人民出版社 2004 年版，第 65 页。

用性、交易发生频率、内外部的不确定性等；第二类是人的因素，即人的有限理性和机会主义倾向。[①] 其中，交易因素往往被视为影响交易费用的主要因素。

1. 资产专用性

资产专用性是指为支持某项特殊交易而进行的长期投资，它一旦形成就很难转移到其他用途上。另外，资产专用性主要有三种类型：一是场地专用性，例如，加工设备一般在原料产地附近，一旦选址确定则很难转移；二是实物资产专用性，例如某些机器设备的设计特点只能用于一项特定交易，而在其他用途中价值较低；三是人力资本的专用性，例如对于经验丰富的雇员，他选择其他企业未必适合，而企业重新培训这样的雇员需要花费大量时间和精力。[②] 因此，资产专用性主要是测量某一资产对交易的依赖程度，资产专用性越强，就越需要双方建立稳定和持久的契约关系，交易费用也就会越高。

2. 交易频率

交易频率主要表现为某项交易的时间连续性。威廉姆森认为，交易发生频率是影响交易的成本和收益的一个主要因素，它会对组织制度的选择产生重要影响，主要体现在设立某种交易规制结构的费用能否得到补偿。这是因为交易频率会直接影响提供者和购买者获得信息的能力。[③] 例如：由于交易频率过低，会导致买卖双方均存在不完备信息问题，而不完备信息问题会使得提供者或购买者提出要求，即需要用一些资源来估算产品和服务的价值、选择贸易伙伴以及进行契约谈判。由此可见，经常发生的交易能够减少买卖双方的信息搜寻成本，相对降低交易费用。

---

① [美]威廉姆森：《企业的性质：起源、演变和发展》，姚海鑫等译，商务印书馆2007年版，第165页。

② 卢现祥、朱巧玲：《新制度经济学》，北京大学出版社2012年版，第80页。

③ 卢现祥、朱巧玲：《新制度经济学》，北京大学出版社2012年版，第80页。

3. 不确定性

不确定性是指交易双方没有能力预测但可能发生的事件，通常包括来自外部环境的不确定性和来自交易双方的不确定性。威廉姆森认为，外部环境的不确定性主要是指市场未来状况的不确定性，例如，某种产品未来的价格、数量和质量。而交易双方的不确定性主要是其“行为上的不确定性”，即由于隐瞒信息、扭曲信息等机会主义行为而导致的不确定性。[①] 针对不同的交易类型，不确定性的影响程度有所差异。一般来说，不确定性对一次性交易的影响相对较小，对长期交易的影响程度则较大。由此可见，交易不确定性的存在意味着交易决策必须是连续性的、适应性的，或者具备其他减少不确定性影响的规制结构的存在。

第二节　基于交易费用分析的政府角色模型

一、基于可竞争性和可度量性特征的生产矩阵

（一）可竞争性与可度量性

根据交易费用理论，资产专用性、交易发生频率、内外部的不确定性是影响交易费用的主要因素，也是反映产品和服务提供成本的主要维度。谢佩德提出，影响和衡量产品和服务交易费用的资产专用性、交易频率、不确定性可以通过两个特征来反映：一是市场可竞争性；二是产品和服务可度量性。因此，从可竞争性和可度量性角度可以对相应的制度安排进行解释。

① 卢现祥、朱巧玲：《新制度经济学》，北京大学出版社2012年版，第80页。

关于可竞争性，鲍莫尔提出可竞争性市场理论的假设条件：第一，企业进入和退出市场是完全自由的，潜在进入者在生产技术、产品质量、成本等方面不存在劣势；第二，潜在进入者能够采取“打了就跑”的策略，即具有快速进出市场的能力，而且它们在撤出市场时不存在沉淀成本，即不存在退出市场的障碍。[①] 由此可见，在可竞争市场中，企业进入和退出市场设置壁垒较低；在不可竞争市场中，存在诸如沉淀成本、垄断势力、地理优势、资产专用性很高的市场壁垒。另外，对专用性资产的投资也是沉淀成本，因为这种资产难以转移到其他用途。所以，资产专用性是决定产品和服务市场的可竞争性的重要因素。

关于可度量性，它是指衡量产品和服务的投入、活动、产出、结果、影响等的精确性。一般来说，在经常发生的交易中，契约双方获得信息的完备程度更高，能够更全面地了解产品和服务的价格、数量、质量等，即可度量性较高。另外，如果交易发生时的内外部环境的不确定性较高，例如：外部市场环境的未来状况具有不确定性，内部交易双方存在机会主义行为等。那么，产品和服务的投入、产出、结果等将很难衡量，即可度量性较高。由此可见，交易频率和不确定性是决定产品和服务的可度量性的重要因素。而且，交易发生的频率越高，内外部环境的不确定性越低，产品和服务的可度量性会越高。

综上所述，产品和服务的可竞争性和可度量性直接影响产品和服务在市场中通过契约进行交易的成本大小。因此，可以将资产专用性、交易频率和不确定性转化为可竞争性和可度量性的分析维度，并进一步根据产品和服务的可竞争性和可度量性特征对其进行分类和排序。

① 王俊豪：《政府管制经济学导论》，商务印书馆2001年版，第142页。

（二）基于可竞争性和可度量性特征的生产矩阵

根据产品和服务市场的可竞争性和可度量性特征，可以对其进行连续划分，形成9种不同类型的生产方式。如表4—1所示，从类型Ⅰ到类型Ⅸ分别表示不同程度的可竞争性和可度量性。例如，类型Ⅰ表示高可竞争性和高可度量性；类型Ⅸ则表示低可竞争性和低可度量性。从整体来看，左上角区域的可竞争性和可度量性较高；右下角区域的可竞争性和可度量性较低。

表4—1 基于可竞争性和可度量性特征的生产矩阵

可竞争性 可度量性	高	中	低
高	类型Ⅰ	类型Ⅱ	类型Ⅲ
中	类型Ⅳ	类型Ⅴ	类型Ⅵ
低	类型Ⅶ	类型Ⅷ	类型Ⅸ

对于可竞争性和可度量性高的产品和服务，进行市场交易的交易费用较低，此时可以通过市场来组织这类产品和服务的生产；相反，对于可竞争性和可度量性低的产品和服务，市场签约的交易成本相对较高，此时应该由政府部门或私立非营利部门直接提供。其中，私立非营利部门从其运营特点来看，本质上与政府部门一致，二者可以概括为公共部门。另外，由于交易费用的大小决定着产品和服务的制度安排，接下来就可以界定市场和公共部门提供产品和服务的基本范围。如图4—2所示，左上角区域的产品和服务更适合由市场提供；右下角区域的产品和服务更适合由公共部门提供；中间区域则要求市场与公共部门有效结合。

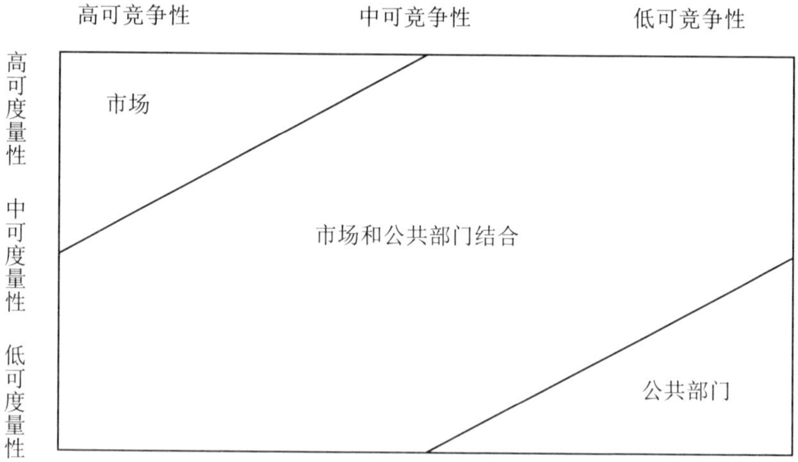

图 4—2　市场和公共部门提供产品和服务的基本范围

二、基于交易费用分析的政府角色及政策工具

（一）基于交易费用分析的政府角色

如前所述，产品和服务的可竞争性和可度量性特征决定了通过市场契约交易的费用情况。基于交易费用分析方法，对于可竞争性和可度量性高的产品和服务，市场提供的交易费用更低，在这种情况下应该由市场提供。对于可竞争性和可度量性低的产品和服务，市场提供的交易费用相对较高，在这种情况下应该由公共部门直接提供。而对于中可竞争性和中可度量性的产品和服务，要求市场、政府、社会组织进行有效的结合。因此，根据不同特征的产品和服务，应该选择不同的制度安排来提供；而在不同的制度安排下，政府都要将交易费用作为衡量标准，选择科学合理的角色定位。

如图 4—3 所示，在左上角区域，市场是提供该类产品和服务的主体，政府则是扮演“守夜人”的角色。所谓“守夜人”，就是要求政府尽量避免直接干预市场，充分发挥市场配置资源的决定性作用，这样才能保证由

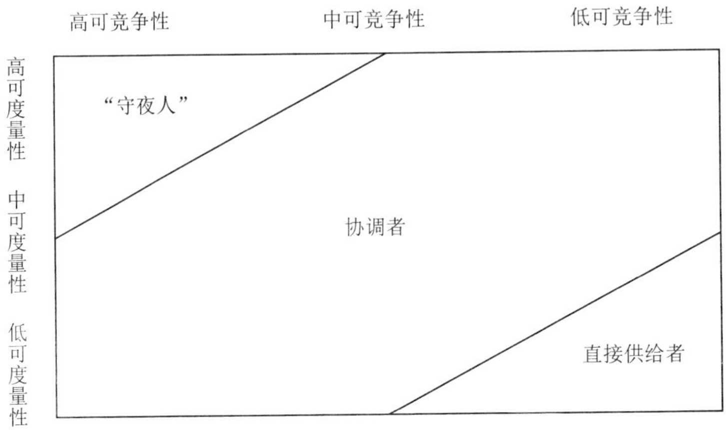

图 4—3　基于交易费用分析的政府角色

市场提供该类产品和服务的交易费用实现最小化。另外，“守夜人”角色并不意味着“无为而治”，政府还应该在战略规划、市场监管、政策支持等方面发挥积极作用。针对中间的过渡区域，由于该类产品和服务的可竞争性和可度量性较低，市场提供可能出现失灵。此时，要求政府扮演协调者角色，发挥“催化剂”作用，推动市场、政府、社会组织协同提供。作为“协调者”，政府需要利用一系列政策工具，如管制、公私合作、补贴等，以实现最低程度的干预，同时弥补市场的不足。在左下角区域，因为通过市场签约方式提供该类产品和服务的交易费用很高，需要由政府和非营利性组织进行直接供给。但是，政府作为“直接供给者”并不意味着由政府自己进行生产。一方面是政府可能缺乏专业知识和充分信息；另一方面是考虑到政府资源的稀缺性，政府直接生产必须衡量其机会成本。例如，文化产业政策评估的可竞争性和可度量性都很低，需要由政府部门进行直接提供。但是在这个过程中，政府可以借助专家、智库机构、咨询机构的专业优势，甚至可以直接委托给个人和机构进行评估。又如，公共文化服务也具有低可竞争性和低可度量性的特征，要求政府部门作为供给主体。但是，随着公私合作模式逐渐兴起，政府部门开始将这部分公共职能转移给市场，自己则致力于更为长远的战略规划。

（二）基于交易费用分析的政策工具

随着产品和服务的可竞争性和可度量性降低，市场会表现出一定程度的不完备性。此时，政府需要应用不同的政策工具来解决上述问题，使得更多的产品和服务由市场来提供。即政策工具的本质在于提高可竞争性和可度量性，降低市场提供该类产品和服务的交易费用。如图 4—4 所示，按照干预程度从弱到强的顺序，主要包括信息披露、引入管制、公私合作、提供补贴和公共部门直接融资生产。其中，尤其需要考虑产品和服务可竞争性和可度量性都不高的情境下，如何通过管制、公私合作、补贴等政策工具，缩小政府部门提供的三角形领域，扩大市场提供的三角形领域。

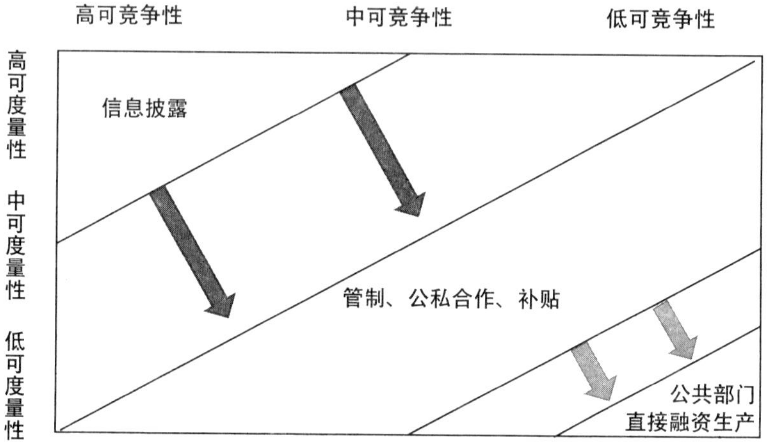

图 4—4　基于交易费用分析的政策工具

1. 政府管制

政府管制是指政府通过制裁手段，对个人或组织的自由决策施加的一种强制性限制。管制主要包括两个方面：一是对资格的限制，例如，企业进入市场必须具备一定数量的资金和设备；二是对行为的限制，例如，政府部门制定产品质量标准，并要求所有企业按照标准提供，否则对其进行惩罚。

政府管制与企业建立的信誉机制之间存在紧密联系，这是通过管制手段能够扩大市场提供范围的原因。它们之间的关系可以从需求和供给两个角度来考虑：从需求方来看，企业越不讲信用，政府管制就越多；从供给方来看，管制本身会影响信誉的供给，必要的政府管制有利于企业建立信誉机制，但是政府管制超过一定程度后，它会与企业信誉之间呈现反向关系。[①] 如图 4—5 所示，需求曲线向右下方倾斜，说明政府管制与企业信誉之间存在一定的替代性，如果企业完全讲信誉，那么政府部门不需要采取任何管制措施；相反，如果企业完全不讲信誉，那么政府部门就需要进行最大限度的管制。另外，供给曲线说明政府管制对企业信誉的影响并不是单调的。在供给初期，随着政府管制增加，企业信誉也会提高。一般而言，如果政府管制有利于识别交易主体身份、提高博弈重复性、传递交易行为信息、对欺骗行为实施有效惩罚，那么它将会推动市场信誉机制的建立。但是，当政府管制继续增加，政府自由裁量权随之增大，市场面临的不确定性也在随之增加；而且，政府管制可能会造成寻租和腐败，即过度管制会使得信誉下降。

另外，政府管制与企业信誉之间是否存在均衡，取决于管制供给曲线的位置和形状，而管制供给曲线的位置和形状由管制效率决定。在政府管制效率比较高的情况下，供需曲线才能相交得出均衡点。相反，如果政府管制效率不高，供给曲线始终位于需求曲线下方，那么供需曲线将无法相交，进而出现“管制陷阱”的现象。[②] 如图 4—6 所示，由于企业不讲信誉，

① 张维迎：《产权·激励与公司治理》，经济科学出版社 2005 年版，第 237 页。
② 张维迎：《产权·激励与公司治理》，经济科学出版社 2005 年版，第 239 页。

政府增加管制，但是随着管制增加，企业反而更加不讲信誉。最终结果就是管制达到最高程度，企业信誉却处于最低水平，此时交易只能政府指挥下进行。政府管制不但没有使市场竞争提供的三角形区域变大，反而会导致政府直接提供的三角形区域变大。这个结论也说明：在缺乏民主的国家中，由于政府滥用权力的风险很大，政府管制的效率可能比发达国家低下，因此更要谨慎使用政府管制的政策工具。

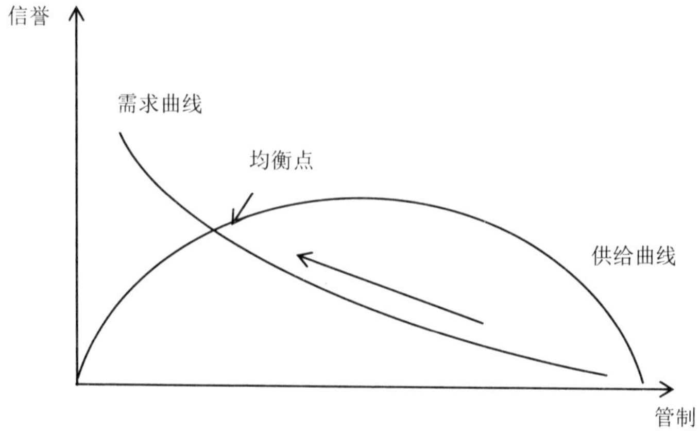

图 4—5　政府管制与企业信誉的供需关系

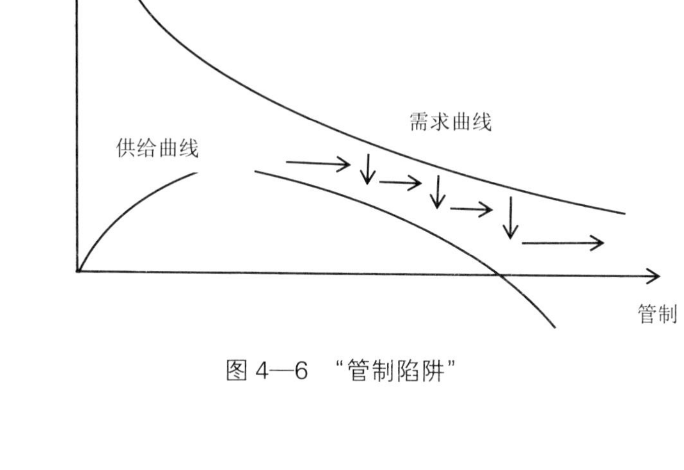

图 4—6　“管制陷阱”

2. 公私合作

公私合作是指政府部门和私营部门之间的一种合约安排，其结果是传统上由政府部门承担的公共活动转变为由私人部门承担。萨瓦斯从三个层次对公私合作进行分析：第一，从广义上来看，是指公共和私营部门共同参与生产，提供物品和服务的任何安排，包括合同承包、特约经营、补助等；第二，是指由多方参与的民营化的基础设施项目，包括政府淡出、政府撤资等；第三，是指企业部门、社会组织和政府官员为改善城市状况而进行的一种正式合作。[①] 格里姆塞则从合约主体的角度出发，认为任何有关私营部门、志愿部门与政府部门之间的组合都可以视为公私合作，而且其本质在于根据政府资源及企业资源的比较优势，建立具有内在激励效应、降低交易费用的制度安排。[②]

公私合作的理论维度之一是委托代理理论。委托代理关系本质上是一种合约关系，即合约中的一方当事人（委托人）授权给合约中另一方当事人（代理人），使其为委托人的利益去从事某项活动。这种委托代理关系出现和维持的根本原因在于专业化分工，它使得委托人和代理人能够更好地发挥各自的比较优势，尤其是发挥代理人在专业知识和管理能力等方面的比较优势。但是，委托代理关系也赋予代理人一定的自主决策权，导致代理人可能偏离委托人的预期目标，甚至严重损害委托人的切身利益。在这种情况下，委托人只有通过建立外部监督激励机制，才能对代理人的行为进行规范和约束，尽量避免信息不对称所造成的逆向选择和道德风险问题。

公私合作也可以看作社会公众、政府部门、私营企业和社会组织之间

---

① ［美］E. S. 萨瓦斯：《民营化与公私部门的伙伴关系》，周志忍等译，中国人民大学出版社 2002 年版，第 11 页。

② ［英］达霖·格里姆塞、［澳］莫文·K. 刘易斯：《公私合作伙伴关系：基础设施供给和项目融资的全球革命》，济邦咨询公司译，中国人民大学出版社 2007 年版，第 2—3 页。

的多重委托代理关系。如图4—7所示，社会公众和政府部门之间的关系是第一层次的委托代理关系，即社会公众将公共权力委托给政府部门，而政府部门只是具体的代理组织；政府部门与私营企业、社会组织之间的关系是第二层次的委托代理关系，即政府将公共产品、服务及工程等项目委托给私营企业或者社会组织，由代理人进行建设和运营，而委托人更多的是对其进行监督和规范。如前所述，在政府部门和私营企业及社会组织之间建立公私伙伴关系，即委托代理关系，要求它们分别发挥自己的比较优势。例如，政府应该发挥自身资源的杠杆效应，更大限度地吸引社会资本参与；企业组织和社会组织则要体现效率性和专业性，在保证公共物品供给效率和质量的前提下，缩减政府财政开支，并迎合社会公众的公共利益诉求。另外，为了维持政府部门和私营企业及社会组织之间的委托代理关系，必须通过合约条款来建构风险共担、长期合作的监督激励机制。例如，由政府具体分担某合作项目的政治风险和法律风险，由私营企业和社会组织负责分担技术风险、建设风险、运营风险等，并且在合约设计过程中充分考虑价格、数量、交期、质量标准以及绩效评估方案等因素。

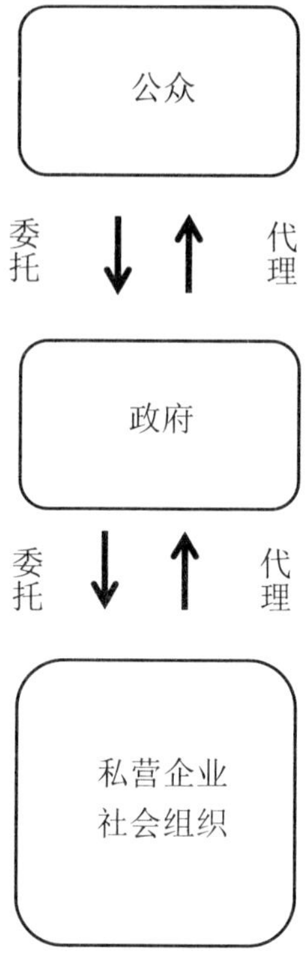

图4—7　公众、政府、私营企业和社会组织之间的多重委托代理关系

公私合作的理论维度之二是

交易费用理论。从狭义角度来看，交易费用是指市场交易过程中所产生的费用，包括交易准备阶段、交易进行时以及交易发生后实施和监管的费用等。从广义角度来看，交易费用是指制度运行过程中所产生的费用，包括制度确立成本、制度运行实施成本、制度监督成本、制度创新成本等。因此，可以从广义角度出发，将公私合作视为市场提供和政府提供之外的另一种制度安排。如何在政府垄断供给、市场竞争供给、公私伙伴关系供给这三种制度安排中选择最佳模式，尤其需要遵循以下两点要求：第一，必须体现公共产品和服务的自身特征；第二，必须以实现交易费用最小化为衡量标准。

在公私合作的制度安排中，影响交易费用的主要因素主要有：①有限理性，即交易双方的知识掌握能力、信息处理能力、未来预期能力等存在局限性，导致公私合作可能面临着较高的信息搜集成本、协商谈判成本、决策成本等。②机会主义行为，即代理人可能凭借自身信息优势，通过不正当的手段增加私利，损害委托人利益和公共利益，造成交易过程中条款制定、绩效评估、监督执行的成本提高。③内外部环境的不确定性，即国际国内的政治、经济、法律环境的不确定性，以及交易双方行为的不确定性，使得公私伙伴关系具有天然的复杂性，合约订立前后的交易成本有所提高。④少量交易，即公私合作中容易出现交易双方数量较少的情况，这主要是由于公共物品具有网络化和集约化供给的特征，不可能存在普遍的或大量的供应商的竞争市场。在这种情况下，委托方可能会对代理方产生依赖关系，使得委托方的交易成本提高。

3. 政府补贴

政府补贴是指政府根据一定时期的政治、经济方针和政策，按照特定目的，直接或间接地向微观经济主体提供的无偿资金转移。[①] 它具有以下三个特征：第一，政府补贴是一种政府行为，不仅包括中央政府与地方政府之间的补贴行为，还包括政府部门与企业部门之间的补贴行为；第二，政府补贴是一种财政行为，属于财政支出的范畴；第三，政府补贴具有专向性和导向性，例如，针对新能源汽车行业提供专项补贴，目的是鼓励环保企业、引导绿色消费、优化产业结构。

另外，经济学家庇古还基于外部性的角度，考虑政府补贴的合理性。他认为：当某种产品或服务具有外部性时，且不论这种外部性是正向的还是负向的，市场调节会出现失灵现象，需要政府进行干预。其中，最常见的干预手段之一就是由政府提供补贴。如图 4—8 所示，为某种产品或服务具有负外部性的庇古补贴情形。假定某个污染企业的边际收益曲线 MB 和边际成本曲线 MPC，由于企业排放污染物会给社会公众带来消极影响，表示为社会边际成本曲线是 MD，因此该污染企业的实际边际成本应该是 MSC=MPC+MD，有效产出则应该是 Q*。但是，企业为了追求自身利益最大化，往往其生产水平会超出 Q* 的效率水平。在这种情况下，如果该污染企业减少一单位产量，政府向其支付 cd 单位的经济补贴，那么企业增加一单位产量的机会成本将会提高，导致边际成本增加到 MPC+cd，此时企业的产出水平达到 Q* 的效率水平。同理，当某种产品和服务具有正外部性时，也可以通过政府补贴的方式，鼓励适应企业提高产量，保证产出水平达到效率水平。

① 孔东民、刘莎莎、王亚男：《市场竞争、产权与政府补贴》，《经济研究》2013 年第 2 期。

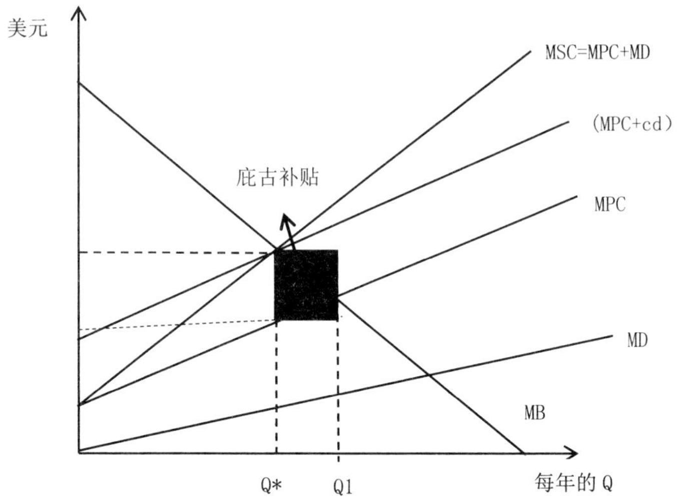

图 4—8　庇古补贴

庇古补贴不失为解决外部性问题、保证效率产出水平的一种方法，但是政府仍然需要谨慎对待，尤其是某种产品或服务具有正外部性的情形。[①] 其一，某种能够带来有益的外在性，不一定意味着需要政府补贴来保证效率；只有当正外部性提供者不能获得全部边际收益时，政府补贴才是合理的。例如，一名优秀的医生为患者和社会做出巨大贡献，但是只要他的收入水平能够体现其提供服务的增量价值，就没有产生正的外部效应，不需要政府提供补贴。其二，政府补贴可能会带来道德风险问题。例如，政府为产生负外部性的污染企业提供补贴，长期来看会引起更多污染企业在河边或者居民区附近选址，进而导致污染总量不减反增，这样就违背了政府补贴的最初目标。

① [美]哈维·S. 罗森:《财政学》，郭庆旺等译，中国人民大学出版社 2000 年版，第 114 页。

第三节　文化产业发展中的政府角色分析

一、基于可竞争性和可度量性特征的文化产业类型矩阵

基于交易费用理论及其影响因素分析，契约完备程度是影响交易费用的决定性因素，而可竞争性和可度量性是刻画契约完备程度的两个重要维度。因此，可以从产品和服务的可竞争性和可度量性特征出发，对这些产品和服务进行分类，并在此基础上选择相应的生产和提供的制度安排。如表 4—2 所示，根据文化产品和服务的可竞争性和可度量性特征，可以将其划分为 9 种不同的类型。从整体来看，由左上方区域到右下方区域，文化产业类型的可竞争性和可度量性逐渐降低。

表 4—2　基于可竞争性和可度量性特征的文化产业类型矩阵

可竞争性 / 可度量性	高	中	低
高	类型Ⅰ	类型Ⅱ	类型Ⅲ
中	类型Ⅳ ②广告服务 ②建筑设计服务	类型Ⅴ ①广播电视服务 ②电影录音、制作、发行、放映服务	类型Ⅵ ①卫星传输服务 ②无线广播电视传输服务
低	类型Ⅶ ①收藏品零售 ②艺术品、文物、古董、字画拍卖服务	类型Ⅷ ①群众文化服务 ②文化研究服务	类型Ⅸ ①文化产业政策制定、监测和评估 ②文化遗产保护服务，如图书馆、博物馆、纪念馆等

在可度量性不变的情况下，文化产品和服务市场的可竞争性从左往右逐渐降低，这说明企业进入和退出市场出现越来越多的壁垒设置，其中包括沉淀成本、垄断势力、资格许可、资产专用性高等。例如，从类型Ⅴ到类型Ⅵ，从电影录音、制作、发行、放映服务到卫星传输服务，表现为企业生产技术和运营资金的门槛提高，即市场准入门槛提高；同时，资产专用性所带来的沉淀成本增加，即企业退出市场也会存在更多壁垒。

在可竞争性不变的情况下，从上往下表示文化产品和服务市场的可度量性逐渐降低，这说明受到交易频率和不确定性等因素影响，要准确衡量产品和服务的投入、产出和结果逐渐变得困难起来。例如，从类型Ⅳ到类型Ⅶ，从广告服务到艺术品、文物、古董、字画拍卖服务，后者更加表现出信息不对称的特征，因为卖者具有绝对的信息优势，而买者往往缺乏专业知识和鉴定技术，很难辨别这些文化产品的真实价值。由于后者存在严重的信息不对称问题，衡量其投入、产出、结果将会更加困难。

对于类型Ⅷ，例如群众文化服务和文化研究服务，虽然这些文化服务在一定程度上具有公共物品属性，但是其市场准入门槛较低，可竞争性较高。在这种情况下，政府可以通过公私合作的方式，向具有资格的企业进行外部采购。对于类型Ⅸ，例如文化产业政策和文化遗产保护服务，由于可竞争性和可度量性非常低，这些文化服务一般由政府部门进行直接供给。随着专业政策咨询机构和文化产业保护组织等第三部门兴起，政府可以凭借自身资源优势，广泛吸引社会组织参与，充分发挥其专业性和志愿性优势。

二、基于交易费用分析的文化产业发展中政府角色模型

基于交易费用分析方法，对于可竞争性和可度量性高的文化产业类型，

通过市场签约交易的成本低，此时应该以市场机制调节为主，由市场来提供该类文化产品和服务。而对于可竞争性和可度量性低的文化产业类型，市场供给存在较高的交易费用，此时应该由公共部门进行直接提供和控制。因此，通过对文化产业类型的可竞争性和可度量性分析，可以对市场部门提供以及政府部门提供的基本范围进行界定，进而探讨相应情况下政府应当选择何种角色定位。

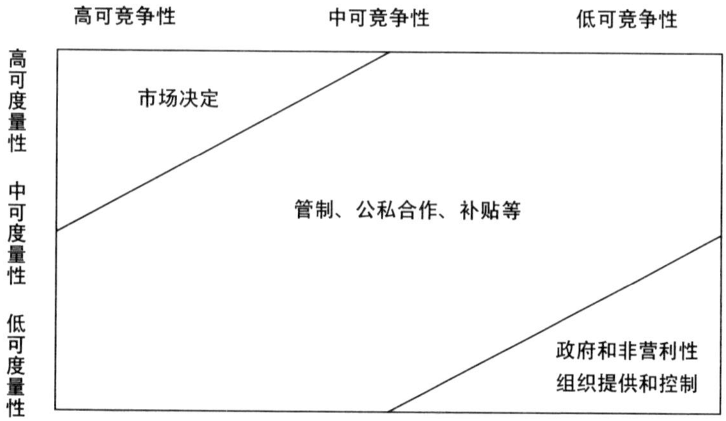

图 4—9　基于交易费用分析的文化产业发展中政府角色模型

如图 4—9 所示，左上方的三角区域是适合市场提供的文化产业类型，此时政府应该选择“守夜人”的角色定位，发挥市场配置资源的决定性作用，尽量避免对市场造成直接干预。要求政府完善文化产业政策体系，营造良好的政策环境和宽松的市场环境；制定文化产业发展战略，引导文化产业发展方向。另外，政府部门还应该作为文化市场的监督管理者，一是建立健全法律体系，规范文化市场发展；二是完善知识产权保护制度和文化产业版权保护制度，为生产者和创造者提供激励机制和保护措施。

右下方的三角区域是适合公共部门控制和提供的文化产业类型，此时政府应作为该类文化产品和服务的直接供给者。但是，“直接供给”并不意味着完全由政府生产和提供，政府还可以将一部分公共文化职能转移给非营利性组织，这样更有利于提升公共文化产品和服务的供给效率和质量。因此，政府还应该扮演推动文化产业社会组织发展的角色，在审批成立、人事管理、资金运营等方面为其提供良好的政策环境。

针对中间的过渡区域，政府应该充当协调者的角色，推动市场、政府、社会组织协同供给。作为“协调者”角色，政府还需要综合运用一系列政策工具，如管制、公私合作、补贴等，目的是扩大由市场提供文化产品和服务的范围。在这种情况下，政府的角色定位主要是文化产业政策和法律法规的制定者和组织者，以及文化企业资格审查、价格控制、质量标准等方面的管制者。

另外，文化产业发展中的政府角色定位是一个动态变化的过程。随着技术进步以及社会经济环境变化，文化产品和服务的可度量性和可竞争性会发生转移，进而导致政府角色也会发生相应的变化。此时，政府角色可能出现由左上区域向右下区域的角色过渡，如政府加强对传统文化及民族文化的保护；也可能从右下区域向左上区域进行角色转移，如政府推动文化单位转企改制。然而，如果政府在角色转换过程中未能找准定位，将会扭曲文化产业本身的可竞争性和可度量性特征，导致政府角色错位、越位、缺位等诸多问题。例如，随着电影行业的消费市场逐渐发展成熟，其可竞争性和可度量性明显提高，本应该由政府直接提供向市场供给转变。但是，我国政府实施严格的电影审查制度，设置较高的市场准入门槛，导致电影行业出现了由左上方区域向右下方区域移动的扭曲现象。

第五章　国外文化产业发展中的政府角色分析

第一节　国外文化产业发展模式及其特点

一、国外文化产业发展模式基本分类

目前，世界文化产业发展呈现多元竞争的态势。以美国为代表的西方发达国家的文化产业历史悠久，基础雄厚，至今在全球仍处于领先地位。以日韩为代表的新兴文化产业国家起步较晚，但发展迅猛，逐渐崛起成为制衡美国文化霸权的重要力量。在世界文化产业发展过程中，各国政府都是在综合考虑国际趋势和国内优势的基础上，于市场调节和政府干预之间寻找一个平衡点，选择更为适合本国文化产业的发展模式。例如：美国政府坚持“无为而治”的治理思想以及高度市场化的管理原则，为文化企业提供自由宽松的政策环境和市场环境；英国政府遵循“一臂间距”、适当分权、专宽兼备的原则，通过发展中介组织和制定文化政策对本国的文化产业进行间接管理；法国将保护民族文化作为宗旨，由政府大力扶持和保护文化产业，非市场化色彩较浓；日韩将发展文化产业上升到国家战略高度，政府坚持市场调节与官方管制相结合的模式，积极探索产学研和产学官的发展形式；印度努力将外来元素与本土文化融合，将市场调节与政府干预结合，其政府在产业规划、投资融资、法律制定等方面扮演重要角色。

为了对国外文化产业发展模式进行实证研究，本书根据文化产业发展中政府干预程度和市场调节程度的高低，将国外文化产业发展模式归纳为三种类型，即市场主导模式、混合模式、政府主导模式。如图 5—1 所示，文化产业发展中市场调节程度较高，政府干预程度较低，属于市场主导型的发展模式，代表国家主要有美国和英国。相反，文化产业发展中政府干预程度较高，市场调节程度较低，则属于政府主导型的发展模式，代表国家主要是法国。处于市场主导模式和政府主导模式之间过渡区域的是混合模式，即在文化产业发展过程中既重视发挥市场机制的调节作用，又强调政府在战略规划、政策支持、市场监管等方面的积极角色，代表国家主要有日本、韩国、印度。

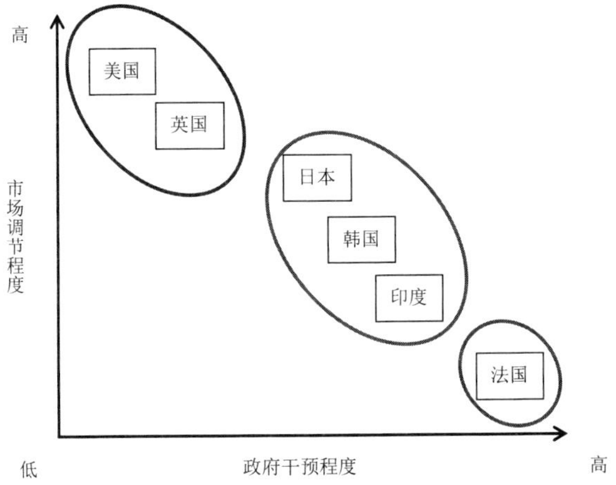

图 5—1　国外文化产业发展模式的基本分类

二、国外文化产业发展模式及其特点

（一）市场主导模式及其特点

美国和英国的文化产业发展模式都属于市场主导型，即文化产业市场化程度较高，政府干预程度较低。它们都提倡自由开放的文化产业发展政策和战略，并辅之以充分的法律保障和产权保障。虽然美国和英国在文化产业管理体制方面略有不同，但它们都坚持市场配置资源、减少政府干预的基本原则。

1. 美国："无为而治"

美国遵循"无为而治"的文化产业管理思路，政府一向坚持自由主义的经济政策，尽量避免对文化市场施加干预。这也为美国的文化企业提供了自由宽松的发展环境，使美国一跃成为全球文化产业大国。在对文化产业发展进行管理和协调的过程中，美国政府将文化产业机构分为两类：一类是商业运作方式的营利性机构；另一类是不通过市场运作方式经营的非营利性机构。对于营利性文化产业机构，美国政府坚持"开放性""竞争性"的市场策略，避免对文化企业与文化机构的各项事宜进行干预，仅是努力提供宽松的市场环境和严格的法律保障。这些文化机构不能获得政府资助，只能通过市场运作方式赢得利润。对于非营利性文化产业机构，美国政府直接拨款进行资助。但是，为了避免文化机构过分依赖政府，鼓励文化团体积极进取，美国政府构建出一个模拟市场运作的高效体制。第一，美国政府向国家艺术基金会、国家人文基金会等社会中介组织进行拨款，再由它们代表政府行使部门管理职能，对不同机构和个人提供资助。而非营利性文化产业机构只要符合非营利性质以及相关资格条件，就可以向这些社会中介组织直接申请资助。第二，美国政府采用资金匹配的方式进行有限拨款，联邦政府机构对任何项目的资金援助不超过所需经费的50%，其余部分需要申请者向政府机构以外的个人和企业筹集，这样有利于提高财政资金利用效率，以及调动各地方政府乃至全社会资助文化事业的积极性。

另外，美国政府非常重视税收政策和法律、法规的积极作用。在税收政策方面，美国联邦税法规定：对非营利性文化团体和机构免征所得税，同时个人和企业对非营利性团体和机构的捐赠实行减免税额。这些税收优惠措施促进了个人和企业对文化事业的资助，为美国文化产业发展营造了良好的社会氛围。据统计，美国博物馆、图书馆等机构的经费绝大部分来自私人捐赠，美国联邦政府对文化艺术活动的年投入约为11亿美元，而州政府、地方政府和企业的赞助超过50亿美元。还有许多州和城市有规定：在新的政府建筑项目中，必须将建筑费用的1%以上用于建筑艺术方面；对博物馆、艺术馆、公园等建设和维修提供资助，给艺术家和创作家提供工作室和公寓补贴。[①] 这些都是通过间接资助补贴的方式来促进文化产业发展。在法律法规方面，美国政府始终将版权保护作为重点。根据美国商业软件联盟公布的数据表明：美国盗版率下降10%，可以增加1420亿美元的GDP产值，创造13万以上高技术、高收入的就业岗位，同时增加230亿美元的税收。[②] 从1980年至今，美国政府多次对联邦版权法进行修改和补充，并成为《伯尔尼公约》的成员国，大力推动版权保护的国际化进程。现在，美国已经建立起保护范围比较广泛的知识产权保护制度，并为打击作品盗版行为、推动文化产业发展提供了制度保障。

2. 英国："一臂之距"

英国文化产业管理体制独具特色，纵向管理体制和横向管理体制相互结合，彼此交叉，同时重视发挥非政府公共文化机构的积极作用。另外，英国政府坚持保持距离、适当分权、专宽兼备的管理原则和政策理念，主要是通过法律手段和经济手段对文化产业进行间接引导和管理，而不是直接施加行政干预。

英国文化产业的管理体制分为纵向体制和横向体制。从纵向来看，全国共有三级管理部门和机构：一是中央设分化、新闻和体育部，负责执行

---

① 熊澄宇：《世界文化产业研究》，清华大学出版社2012年版，第79页。
② 凌金铸：《版权与美国文化产业》，《皖西学院学报》2005年第3期。

文化产业政策，并管理全国文化经费的统一划拨；二是非政府公共文化机构，即各类文化艺术委员会和地方政府，主要扮演管理微观文化事务、具体分配文化经费的角色；三是地方艺术董事会和基层地方政府，承担者具体贯彻落实文化政策和使用文化经费的职能。[①] 从横向来看，文化、新闻和体育部是英国政府对全国文化艺术、新闻广播、电影电视、图书出版、体育和旅游事业的主管部门，负责制定和监督实施文化产业政策，统一划拨全国文化经费。另外，与文化产业相关的其他中央部门还包括教育科学部、外交部、就业部、财政部、就业部、运输部等，这些部门与文化、新闻和体育部之间相互协作，共同致力于推动英国创意产业发展。

英国文化产业的管理体制主要体现了三大基本原则。一是保持距离的原则，即在中央政府部门与接受拨款的文化艺术团体和机构之间，设立一级作为中介的非政府公共文化机构，负责向政府提供政策咨询、具体分配文化拨款、协助政府制定和实施文化产业政策等。因此，中央政府部门能够摆脱微观事务，更好地进行宏观政策和战略的制定，实现了政府“管”文化而不是“办”文化。同时，中介组织能够避免政治或政党对文化政策和文化经费的干预，保障政府拨款的公平分配。二是适当分权的原则，即中央政府文化行政主管部门权力下放，由地方政府和非政府公共文化机构进行微观事务管理和具体经费划拨。根据英国法律相关规定，中央及地方政府不得直接管辖和经办文化艺术团体和文化事业机构。即使是国家级的大型文化艺术团体和文化事业单位，如皇家歌剧院、大英博物馆、国家美术馆等，都是自己独立运营，而不是直接隶属于中央政府部门管辖。三是专宽兼备的原则，“专”是指所有文化事务都由专门独立的政府文化主管部门进行集中管理，这样有利于避免各部门相会牵制、相互推诿的问题，

① 邱忠霞：《论中国政府文化管理体制创新——基于英国经验的研究》，《四川行政学院学报》2013 年第 3 期。

协调和统一文化产业政策；“宽”是指只要涉及文化的事务都由政府文化主管部门管理，这种大文化管理体制对于促进经济、文化、科技相互融合具有重要作用。[①]

另外，非政府公共文化团体也是英国文化产业体系中的重要组成部分，主要包括非政府公共执行机构和非政府公共咨询机构两种类型。其中，非政府公共执行机构的职能主要是制定、实施、监督文化产业政策和规章，非政府公共咨询机构主要是负责就自己的专业领域，向政府及其工作人员提供咨询意见。这些专业咨询机构能够从各个角度、各个层面分析创意产业的发展状况，为政府提供专业的数据、咨询和培训。无论是在政策制定、投资选择、人才培养等方面，英国政府都离不开各类专业咨询机构提供的服务。

（二）政府主导模式及其特点

法国是文化产业发展中政府主导模式的代表国家。一方面，法国是一个历来重视文化发展的国家，将文化发展作为社会进步的动力源泉。因此，法国政府大力扶持本国的文化产业和文化事业，并积极推动法国文化对外交流。另一方面，法国政府提出“文化例外”的概念，认为文化与国家形象密切相关，要求保护本民族文化，抵制美国文化侵略。但是，随着各国对文化产业重视程度日益提高，而且法国自身长期处于经济增长速度慢、失业率高的困境，法国政府也开始提出发展营利性文化机构，并希望通过发展文化产业促进国民经济发展。

在文化产业管理体制方面，法国将文化产业管理机构分为全国性的政府文化领导机构和地方性的文化管理机构两大层级。其中，全国性政府文

① 毕佳、龙志超：《英国文化产业》，外语教学与研究出版社2007年版，第12—13页。

化领导机构是文化和通讯部，负责管理全国文化事务，主要职能包括制定文化政策和文化法规，编制年度文化预算，管理和使用政府文化经费，对国家重点文化设施、文化团体和艺术院校的领导和管理工作，保护文化遗产，促进艺术创作和文化普及等等。地方性文化管理机构主要是地区文化局，它们是文化和通讯部设在大区的分部，负责具体分配国家拨款，向上级部门提出建议和评价报告，以及协调当地举办大型文化活动。[①]除此之外，法国重点的文化设施、文化团体和艺术院校都必须接受文化和通讯部的直接领导，如卢浮宫博物馆、国家图书馆、巴黎国家歌剧院、国家舞蹈中心、建筑学院、国家文化遗产学院，等等。这些机构的主要行政领导由国家任命，经费由国家拨款，理事会成员由政府官员组成，重要决定由文化和通讯部审批。

在文化产业立法和政策方面，法国也是表现出明显的非市场化色彩。法国在文化方面先后出台了《古迹保护法》(1967)、《建筑法》(1977)、《图书单一价格法》(1981)、《著作权法》(1986)、《电台电视法》(1986)等。这些法律为法国文化产业发展提供了较好的制度保障。另外，为了抵制英语语言帝国主义，法国文化和通讯部于 1994 年提出“关于法语使用的法案”，禁止在公告广告中、电台电视节目中使用外语，要求在法国境内出版的出版物必须有法语的概述，在法国境内举行研讨会法国代表必须使用本国语言发言。1995 年，法国政府明确规定，所有法国电台节目中至少有 40% 为法国音乐。对于违反上述规定的将处以 500 万 ~ 2.5 万法郎的罚款，并且违反多少次就罚款多少次。[②]

关于文化产业管理政策，法国政府主要以政策扶持和保护为主，重点

① 方雪梅：《法国文化产业的发展模式及其启示》，《湖南科技大学学报》（社会科学版）2015 年第 1 期。

② 侯聿瑶：《法国文化产业》，外语教学与研究出版社 2007 年版，第 15—18 页。

采取国家财政拨款方式。一方面，针对文化产业出台了一系列保护性政策，例如：设立文化工业信贷，鼓励银行和财政机构投资；建立文化合同制，对地方重点文化建设项目和文物机构提供支持；成立专门的基金会，大力保护文化遗产和文化团体；对一些国家文化机构和文化团体提供固定的经济补贴，并且补贴金额逐年增长。另一方面，法国政府直接对艺术团体、文化机构以及文化协会进行资助。从 20 世纪 90 年代以来，文化经费预算在国家预算中所占比例逐年提高，目前已经稳定在 1% 左右。[①] 这是因为法国文化部控制着许多国有部门，参与各种文化机构的运作，并对大量文化协会予以补贴。虽然近年来法国经济形势严峻，但法国政府并没有选择削减文化经费，而是通过增加文化投资来带动经济发展，并且起到了维护社会稳定、增强国家凝聚力的作用。

（三）混合模式及其特点

混合模式是指市场调节与政府管理相互结合的文化产业发展模式，代表国家主要有日本、韩国、印度等。在这种模式中，一方面，要求发挥文化市场中个人和企业的积极性。另一方面，要求政府充当管理者和服务者的角色，起到战略引导、立法保障、政策支持、规范执法、提供服务等重要作用。

1. 日本：文化立国

在文化产业发展过程中，日本非常重视市场化经营，文化市场的管理范围也非常广泛，包括休闲、娱乐、博彩、旅游、参观博览会等。而日本政府主要扮演管理者和服务者的角色，通过制定战略规划、完善法律法规、健全政策体系等间接手段，为本国文化产业发展营造良好的氛围。

① 熊澄宇：《世界文化产业研究》，清华大学出版社 2012 年版，第 206 页。

首先，日本政府将国家战略与文化产业发展战略结合起来，形成了一套较为系统的战略体系。1996 年，日本文化厅提出了《21 世纪文化立国方案》，标志着日本“文化立国”上升到国家战略高度。该战略的基本政策主要有：建设大型国立文化基地，增强文化对外辐射能力；适应知识经济时代特征，完善著作权益制度；构建与文化政策相配套的产业政策；构建文化信息的综合系统；加强文化遗产保护；加强国际交流等等。随后，日本政府针对“新文化立国”战略的内容，围绕文化产业先后出台了一系列更为具体的发展战略。例如，于 2001 年提出《e-Japan 战略》，目标是把日本建成世界最尖端的 IT 国家，推动经济结构转型，增强文化产业国际竞争力。又如，于 2004 年提出《新产业创造战略》，其宗旨是推动内容产业快速发展，促进新兴市场的成长、数字电影的普及、专业人才的培育，推动内容产业的结构改革。

其次，日本政府综合运用文化立法和文化政策，发挥了规范文化市场、提供制度保障、给予政策支持的积极作用。目前，日本在文化产业领域已经颁布的法律法规有《著作权法》《著作权中介法》《电波监理委员会设置法》等，在文化产业管理、文化版权保护等方面具有较为完善的法律体系。2001 年，日本政府还公布了《文化艺术振兴基本法》，明确文化产业的基本概念以及政府的主要责任，目的是促进从事文化艺术活动的个人和企业能够自主经营，全面推进有关振兴文化艺术的政策实施。在文化产业政策方面，日本政府主要是通过具体的政策工具，如财政政策、金融政策、税收政策、土地政策等，直接或间接地影响个人和企业的经营活动。另外，日本政府还会通过“劝告”“通告”等行政指导方式，对个人和企业的行为方式和活动范围进行有效规范。[①]

① 熊澄宇：《世界文化产业研究》，清华大学出版社 2012 年版，第 195 页。

另外，日本文化产业的快速发展在很大程度上得益于产学官结合模式。所谓产学官结合，就是政府协调规划、研究机构负责研发、企业进行投资。这样有利于解决生产实践中资金不足、技术不佳等诸多问题，充分发挥政府部门、专业机构、私营企业的各自优势。在“产学官”模式越来越受欢迎的趋势下，日本不断涌现出文化产业相关的研究机构和专业院校。东京大学研究生院设立了映像研究科，专门培育电影、映像等方面的高素质人才。庆应大学成立了“数字媒体 · 内容统合研究机构”，组织专家对内容产业进行全面研究，尤其关注数字内容的标准化、知识产权保护、文化和社会基础结构等内容。

2. 韩国：全面发展

韩国政府将文化产业表述为“知识经济核心产业”“国家核心战略产业”“国家经济新的成长动力”，并且不断根据市场变化调整机构设置，利用法律、政策、基金等多种方式引导、支持与规范文化产业发展。如今，韩国文化产业在游戏、漫画、电影、音乐、人物形象等行业取得显著成就，呈现各行业全面发展的良好态势。在未来，韩国政府将转变文化产业发展观念，即由追求文化产业经济效益向经济社会效益均衡兼顾转变。

在韩国文化产业领域，法律法规是最基本和最重要的规范手段。1999年，韩国政府制定了综合性法律《文化产业基本振兴法》，这是韩国设立和运营文化产业振兴基金，为文化产业的长期发展制订计划的依据。第一，它以法律形式确定了文化产业的范围；第二，它提出了政府制定与振兴文化产业相关的基本计划和详细的执行计划；第三，它鼓励个人和企业在文化产业相关领域创业，支持文化商品制造和广播电视映像独立制作公司。随后，韩国政府针对不同行业出台了一系列法律，例如《关于游戏相关产业振兴的法律》《关于电影等振兴的法律》《税收特例限制法》等。这些法律法规的基本导向在于：一方面，在尽量减少市场干预的前提下，对文化市场进行规范和调整；另一方面，大力推动民间资本发展文化产业，为文化企业提供制度保障和优惠政策。例如，《关于电影等振兴的法律》要求将审查制度变更为等级赋予制度，同时废除电影上映申告制度。又如，《税收特例限制法》提出电影行业、公演行业、广播电视行业等中小企业实行税收减免，可减免税额达到 5%—30%。①

在韩国文化产业发展过程中，文化产业协会和文化基金会发挥了重要作用。韩国主要的文化产业协会有：大韩出版文化协会、韩国音乐产业协会、韩国影视产业协会、韩国漫画出版协会、游戏产业协会等。除此之外，韩国还有研究文化产业经营战略的"文化产业市场营销振兴协会"和支持地方文化产业发展的"地区文化产业协会"。根据资金来源不同，韩国的文化基金会可以分为三类：一是中央政府设立的基金，如文化振兴基金；二是地方市政府设立的基金，如首尔文化才团、仁川文化财团等；三是大企业设立的财团，如 CJ 文化财团、NHN 文化财团等。由此可见，韩国文化产业也在一定程度上会受到大集团、大财阀的控制和影响。另外，韩国文化产业领域出现了产学结合的发展形态，并已经在多个项目上开展合作。例如，电影《丑闻》是由电影制作公司与韩国艺术综合学校进行合作，映像院的学生参与了该项目生产前准备阶段的工作，对影片时代背景社会风俗进行调查，有利于保障电影脚本的质量，同时降低影片制作成本。

3. 印度：引导和鼓励

印度文化产业起步较晚，但是近年来发展速度迅猛，其极具民族特色的音乐和电影在世界范围内受到欢迎。这些都离不开政府部门对于文化产业的战略引导和政策支持，也离不开志愿组织在文化领域的协助和管理。

印度政府专门设置文化部和信息与广播部对文化产业进行管理。其中，

① 姜锡一：《韩国文化产业》，外语教学与研究出版社 2009 年版，第 4—8 页。

文化部主要负责有形和无形文化遗产的保护和促进，其主要职能是：维护文化遗产、历史遗迹和古代文物；促进文学、视觉和表演艺术；推动佛学和藏学研究的机构和组织等。信息和广播部主要是对大众传播媒介进行管理，还负责广播电视电影等领域的国际合作和互动。信息与广播部的主要任务包括：通过全印度广播和全印电视台提供新闻服务，通过出版物在国内外传播有关印度的重要信息，发展和促进电影产业等。在对文化产业进行管理时，印度政府将文化产业和公共文化事业区别开来，后者可以接受国家的拨款保护以及国家文化基金会的支持。

在文化产业政策方面，印度政府主要是通过金融政策和税收政策进行间接调节，而且这些政策主要集中放松管制、保护版权、发展技术等三个方面。第一，印度政府放松外国投资管制，例如：允许在电影产业中 100% 由外国投资，并且无须预置的准入标准；允许国外资本在新闻出版物中持有最高 26% 的份额；允许制定经济区域的印刷设备可以 100% 由外国投资等等。第二，由于文化产业盗版问题猖獗，印度政府发布了一系列版权保护政策，例如：建立反盗版专门机构，加强反盗版宣传，支持国际版权协定等。第三，为了促进新技术的应用，印度政府减少特定技术设备的进口关税，例如：特定数字演播室设备的基本进口税从 35% 降到 25%，印刷设备的基本进口税由 20% 降到 10%。在鼓励数字影院和多厅影院方面，印度政府还为投资者提供诸多税收优惠和基金支持，从而使得国内许多影院都进行升级和改造。①

另外，在印度文化产业发展过程中，志愿组织和行业协会等第三部门也扮演着重要角色。为了促进传统文化领域的志愿组织，文化部建立了国家文化基金，为文化领域的志愿组织提供经济协助。这些经济协助计划包

① 张讴：《印度文化产业》，外语教学与研究出版社 2007 年版，第 75—77 页。

括：对资源文化组织的建筑和设备资助，对佛学和藏学发展的资助，对特定表演艺术项目的职业团体和个人的资助，对推动和传播部落与民间文化艺术的资助等。这些志愿组织主要集中在传统文化保护和发展方面，而行业协会在文化产业领域更加活跃。印度的行业协会主要包括印度电影协会、印度广播联合会、印度报业协会，它们在推动出版言论自由、进行业内规范管理等方面发挥积极作用。

第二节　国外文化产业发展中政府角色分析

一、发展战略的规划者

发展规划具有前瞻性和指导性，在一定时期内对促进文化产业发展具有重要意义，尤其是在政治、经济、社会领域发生重大转变的背景下，需要政府制定相应的文化产业发展战略。20世纪末以来，人们的生活水平不断提高，社会结构发生变化，精神文化需求愈加旺盛；首先，文化实力逐渐成为衡量一个国家综合国力的重要指标，深受世界大国青睐；其次，在后危机时代，发展文化产业成为各国转变经济发展方式、优化产业结构、避免经济单一性和脆弱性的共同选择。在国外文化产业发展中，日本尤其重视战略规划的指导作用。

日本政府是在20世纪末开始提出文化产业的发展战略，这与当时国际国内的经济社会环境密切相关。从国际环境来看，“冷战”结束后国际政治格局发生变化，日本开始向政治、经济大国的竞争性战略转变，越来越注重向国外输出日本文化。从国内经济社会环境来看，“二战”结束以来，日本追求经济高速发展，努力成为“经济大国”，但随之而来的也有日益严重的环境问题。例如，60年代的全国公害事件给政府和公众敲响了警钟。在90年代初，日本经济泡沫破灭，经济陷入长期萧条之中，日本政府决定对经济体制进行彻底改革。小泉纯一郎内阁认识到发展文化产业能够避免产业单一所导致的经济脆弱性，调整国内的产业结构，并提出“文化产业是21世纪的新兴产业，是产业创新的重要方向”。从当时的社会结构来看，70年代起以公务员、企业职员、专业技术人员和管理人员和商业、信息服务人员为中心的“新中间阶层”逐渐形成，他们对文化产品和服务的消费需求十分旺盛。[①] 日本政府逐渐意识到，在国际形势与国内经济社会环境发生巨变的前提下，发展文化产业成为国家生产发展之根本。因此，日本文化厅于1996年7月正式提出了《21世纪文化立国方案》，成为日本正式确立“文化立国”战略的重要标志。随后，日本文化厅于2001年3月出台了《高度信息通信网络社会形成基本法》，并以此法为基础制定了“e-Japan”战略，目标是到2005年把日本建设成世界最尖端的IT国家。

二、公共服务的提供者

文化产业具有经济属性和精神属性的双重属性，国外政府在挖掘文化资源、追求经济效益的同时，还做到了注重文化产业的社会效益。政府作为公共服务的提供者，主要体现为以下三种情形：一是保护特色文化和民族遗产；二是提供具有强外部性的文化产品，如建设公共文化设施；三是将文化作为缓解社会矛盾的手段或工具，保障社会阶层间文化资源分配公平，推动地域文化产业发展平衡。

在印度国家计划委员会编制的第十个五年计划中，将“文化”划分为

① 唐永亮：《试析日本文化产业战略的内涵和特征》，《日本研究》2013年第4期。

三个广阔的维度，即国民身份、大众媒介、有形和无形文化遗产。其中，有形文化遗产和无形的文化遗产包括许多分支，例如文物遗址、民间的和部落的艺术、人类学和人种学，等等。这要求印度政府在发展文化产业的同时，注重对民族文化进行大力保护。

印度电影业能够迅速崛起走向世界，部分原因在于印度本土文化融入电影之中，具有民族特色，识别程度高；另外，数量众多、特色鲜明的文化遗产也对印度旅游业以及其他相关产业产生了间接的经济波及效应。因此，印度政府越来越将保护有形和无形文化遗产作为文化产业政策重心和国家公共文化事业，由文化部负责管理，受到国家拨款资助和国家文化基金支持。在第十个五年计划期间，文化部提出要将重心放在保护文化遗产和发展博物馆方面，大力推动濒临失传的民间和古典手工艺，并将高新技术应用到该领域，如博物馆中艺术作品的数字化。

近年来，韩国文化产业发展迅猛，尤其是游戏、动漫、电影等行业已经走在世界前列。与此同时，文化发展的阶层差异和地区差距日益严重，文化资源分配不均导致社会矛盾逐渐突出。因此，韩国政府开始由“推进文化产业发展”阶段向“追求文化产业经济效益与文化福利均衡分配兼顾”阶段转变，不仅重视文化产业的经济效益，还要在此基础上更多地关注文化福利等社会效益方面。1996 年，韩国颁布《“生活品质”世界化的文化福利基本构想》，首次强调文化福利的重要性；1998 年，文化观光部发表《国民政府新文化观光政策》，提出“通过文化福利的实际体现提高生活品质”是“创意文化福利国家建设”的十大重点课题之一。从 2011 年起，韩国政府大幅度增加文化普及方面的预算，实行“文化凭证”的补贴政策，为低收入阶层每年每人提供 5 万韩元的文艺节目观赏费，以缓解由于地域差异和贫富差距导致的文化资源不平衡问题。[①]

另外，法国政府也是公共文化服务提供者的典型案例，主要表现在三个方面。第一，法国政府提倡"文化民主化"，非常重视发展群众文化，认为文化应该是每个公民应该享有的基本权利。为此，法国政府采取多项措施促进文化普及活动，尤其是让那些社会地位、工资收入、居住地点处于不利地位的人们拥有参加文艺活动的机会。例如，政府管理的文化设施定期免费向公众开放，每年的7月14日国庆节在巴士底歌剧院免费公演一场音乐会；每年9月的第二个周末举办"文化遗产日"活动，全国各地的古代建筑均向公众开放。第二，法国政府将文化遗产作为"国家的窗口和荣誉"，并将保护这些文化遗产作为文化部的主要任务之一。政府不仅投入大量资金对文化遗产进行修复和维护，还向社会公众开放，充分发挥其教育作用，注重加强社会公众的文化遗产保护意识。第三，法国政府一直鼓励文艺创作，除了提供一定的政策支持和制度保障之外，还会直接提供财政资助。例如，在表演艺术方面，国家重点艺术院团的经费基本由政府提供，省市级和私营艺术团体也可获得政府资助；在造型艺术方面，政府除拨款建立公用画室和雕塑室外，还资助一些著名画家建立个人画室和雕塑室。

三、政策环境的营造者

在文化产业的发展过程中，尤其是在起步阶段，需要政府通过各种具体的政策工具，如税收政策、金融政策、财政政策等，直接或者间接地对文化产业予以引导、支持和规范。作为文化市场的环境营造者，政府实施

① 任鹤淳：《韩国文化产业实况与发展政策》，《当代韩国》2004年第3期。

文化产业政策必须最终落脚于降低企业准入门槛和减少市场交易费用，为文化产业发展提供自由的市场环境和宽松的政策环境。

在很长一段时间内，印度政府没有承认电影的“产业”地位，禁止所有银行为电影制作提供贷款。这导致印度电影的资金常常来自独立发行人或者少数几个规模较大的电影公司，总体来看资金管理不够规范，有些资金甚至是从非法渠道获得的。因此，印度电影业长期处于散乱状态，不仅没有颇具规模的制作公司，而且存在资金筹集渠道不畅、数量匮乏等问题，导致电影拍摄条件和设备简陋，电影行业整体发展缓慢。在 2001 年，印度政府正式承认电影的“产业”地位，使电影业具备了向银行和其他经济组织融资的资格。为了进一步扩大资本来源，印度政府于 2002 年开始放松对外国资本进入的管制，允许在电影行业中 100% 由外国投资，并且无须预置的进入标准。印度政府通过改进电影业的投资融资政策，大大降低电影企业的交易成本，为电影行业发展奠定了良好的金融环境，使印度电影迎来了前所未有的辉煌成就。近十年，随着电影作品的不断输出，以宝莱坞为代表的印度电影业迅速获得了国际认可，例如，仅在 2004 年 5 部宝莱坞出品的电影就在英国和美国分别收入了约 200 万美元。除此之外，印度政府为了降低部分高新技术文化企业的经营成本，引导文化企业进行设备升级，制定了专门的税收优惠政策。例如，将特定的数字演播室设备和印刷设备的基本进口税从 35% 降至 25%，鼓励使用数字技术、卫星技术和新媒介技术，对生产者和投资者提供诸多税收优惠等。

另外，日本和韩国政府也非常重视发挥政策工具的作用，其中包括财政政策、金融政策、税收政策、收入政策、土地政策、贸易政策、汇率政策等等。但是，其政府始终坚持减少直接干预的首要原则，明确个人和企业是文化市场的主体，而政府角色定位应该在于市场平台的搭建者和维护者。例如，韩国政府为减少文化企业经营压力，促进文化产业发展，制定了以《文化产业振兴基本法》为首的一系列税收优惠政策。2004 年修订《税收特例限制法》，将电影业、公演业、广播电视事业和广告业加入中小企业创业税收减免的行业范围，并将可减免税额中所得税和法人税的比例降至 5%—30%。2006 年修订《特别消费税》，免除针对摄影机、摄像机的特别消费税，并向在韩国国内没有事业场所的外国法人给予电影附加值零税率待遇。这些税收政策通过间接手段缓解了文化企业的经营压力，有利于鼓励更多社会资本进入文化产业领域，提高文化产业投资的积极性，对于促进韩国文化产业发展具有积极意义。

四、文化市场的监管者

国外政府对文化市场的监管作用主要体现以下两个方面：一是通过制定法律法规，规范文化市场发展；二是完善知识产权保护制度，打击盗版行为，保护文化创意，提高文化生产者和创造者的积极性。在国外文化产业发展的三种模式中，政府都承担着文化市场监管者的角色。其中，美国政府在市场监管方面的成功经验尤其值得借鉴。

美国文化产业发展起步于 20 世纪 20 年代，无线电、放映机、显像管等技术创新推动了广播业、电影业、电视业以及其他文化产业分支的快速发展。此时，文化产业尚属于新领域，美国政府针对该领域出现的问题，逐步制定相关的法律法规，并建立相应的执行机构。例如，由于该阶段广播媒介具有稀缺性，需要由政府对电台资源进行权威性分配，决定谁来开办电台以及如何使用；其次，电台的增加导致出现电波间相互干扰，要求政府对广播业进行有效监管。对此，美国政府于 1927 年出台《1927 年广播法》，确立无线电广播“要以公共利益为重”的服务宗旨，并成立五人联邦无线电委员会，根据法律规定对所有无线电通讯进行监管，以消除广播线路的混乱。该委员会负责对广播电台的申请者进行筛选和审核，其中只有少数申请者能够获得营业执照，而且营业执照有效期仅为三年。随着20世纪80年代自由主义思想兴起，美国广播业出现了第一轮“放松管制”，联邦通讯委员会废除对广播节目和商业活动的管制政策，由市场对广播内容进行调节。在20世纪90年代，由于卫星直播技术的应用、互联网的普及以及广播电台数量的快速增长，广播媒介不再属于稀缺资源，广播业出现了第二轮“放松管制”，政府管制进一步减少。由此可见，美国政府不仅能够制定和完善法律法规来规范文化市场，还能够根据社会环境变化及时地对其进行修正，这对于美国文化产业的可持续性发展具有重要意义。

另外，美国政府还非常注重版权制度建设，并以此来规范文化市场盗版行为。其一，美国成立了国际知识产权联盟（IIPA），其成员包括美国出版商协会（AAP）、商业软件联盟（BSA）、娱乐软件协会（ESA）、录制业协会（RIAA）、影视联盟（AFTA）和电影协会（MPAA）六大行业组织。这些组织通过界定版权产业概念、发表版权产业系列报告，分析美国版权产业发展情况及其对国民经济做出贡献。其二，美国不断加强国内版权立法，先后多次对《版权法》进行修改，使得美国版权制度对文化产业的保护力度加强，并逐步趋于国际领先水平。其三，美国还大力推动版权保护的国际化进程，推动本国文化产业占领国际市场。1988年，美国成为《伯尔尼公约》的成员国，同时美国采取双边和多边机制，积极推动文化产业国际贸易发展。1994年TRIPS协议的达成，不仅提高了国际版权保护的整体水平，也为美国日益强大的文化产业提供广泛有效的国际保护机制。

五、社会组织的支持者

第三部门，作为文化产业发展过程中重要的补充力量，可以发挥沟通企业和政府的桥梁作用，满足特定群体的文化利益需求，在多渠道筹集资金、提供专业咨询、参与文化政策制定等方面也逐渐发挥积极作用。因此，国外政府转变发展观念，坚持“有所不为”，鼓励和扶持社会组织承担起一部分文化职能，形成政府、市场、第三部门之间相互补充、良性互动的发展格局。

在英国文化产业的管理体制中，非政府公共文化机构作为三级管理体制中的中介组织，不仅在提供咨询、参与决策和实施政策等方面发挥自身优势，提高文化政策的科学性和专业性，还对文化拨款进行具体分配，承担文化事务的微观管理职能，避免上级政府部门对文化事务的干预。英国将非政府公共文化机构分为执行机构和咨询机构，分别管理不同的业务范围。其中，非政府公共执行机构的职能主要是制定、实施、监督文化产业政策和规章，例如：大英图书馆、大英博物馆、国家美术馆等致力于为公众提供教育和服务。非政府公共咨询机构主要是负责就自己的专业领域，向政府及其工作人员提供咨询意见，例如：政府艺术品收藏咨询委员会等负责向政府及其官员提供咨询意见。通过将部分公共职能转移给非政府公共文化机构，政府部门更加能够集中精力进行政策制定和战略规划，为文化产业的长期发展提供良好基础。

在韩国文化产业发展过程中，民间组织也是推动文化产业发展的重要力量，尤其体现在韩国游戏产业发展初期。1994 年，民间团体“影像产业发展民间协议会”首先提出，对动漫、游戏、电影等相关产业进行重点培养和发展，并鼓励将其作为文化产业发展核心战略。随后，韩国政府对游戏产业的重视程度才逐渐提高，并于 1996 年重新修订《唱片和影像五相关法律修订案》，将游戏产业列入其中，作为文化振兴措施的支持对象；于 1999 年成立韩国游戏产业振兴院，进行游戏技术开发，完善基础设施，促进海外营销。在 2004 年，韩国一举超越日本，稳坐亚太地区在线游戏市场的头把交椅，游戏产业也成为韩国文化产业中的“掌上明珠”。[①] 另外，韩国文化产业领域逐渐出现了多种产学合作形态，充分发挥文化企业的资金优势和教育机构的专业优势。典型案例就是电影《丑闻》，这部电影是由制作公司与韩国艺术综合学校进行合作，其中学校教授和学生负责进行社会风俗调查，保证电影脚本的质量，为电影拍摄提供重要基础。

第三节　国外文化产业发展中政府角色对我国的启示

一、与社会发展阶段相适应

根据社会发展的不同阶段，国外政府会相应地调整角色定位，以对文化产业进行正确的引导和规制。例如，在 20 世纪末面临经济转型、政治竞争、社会结构转变的需求，日本政府提出“文化立国”战略，对文化产业发展进行宏观规划。随着文化市场日益成熟，日本政府逐渐转变为良好政策环境的提供者，切实保护文化产业知识产权，鼓励文化产业与现代科技紧密结合。又如，亚洲金融危机爆发后，韩国政府认识到经济结构单一的脆弱性，提出将文化产业打造为战略支柱产业；同时要求转变政府职能，减少直接的行政干预，更好地发挥市场自发的调节作用。但在近几年，韩国政府越来越强调文化产业的社会效益，注重文化资源分配的公平问题，在提供公共文化服务方面充当重要的角色。因此，我国政府必须正确认识社会发展现状以及文化产业发展阶段，选择合适的角色定位。一方面，由于发展文化产业具有促进国民经济、维护社会稳定、增强综合国力的现实

① 穆宝江：《韩国文化产业发展与中韩文化产业合作》，博士学位论文，吉林大学，2012 年，第 55 页。

意义，需要政府为其创造良好的政策环境和宽松的市场环境。另一方面，原创动力不足、区域发展不协调、法律法规不完善等一系列问题也日益突出，需要政府更多地发挥提供公共服务、维护公共秩序的作用。

二、与文化产品特点相适应

针对文化产品和文化服务的特点，国外政府会选取不同的管理模式，选择不同的角色定位。例如，美国将文化产业分为营利性和非营利性两类。对于营利性文化产业，美国政府采取“无为而治”的管理模式，实行高度市场化；对于非营利文化产业，其主要提供公共文化产品和服务，如公共广播电视、博物馆、图书馆等，美国政府会通过优惠政策和财政拨款进行援助。又如，由于早期广播媒介具有稀缺性和排他性，美国政府对广播业进行监管，严格限制行业准入，以消除广播线路的混乱。随着技术不断发展，广播媒介不再属于稀缺资源，美国政府开始逐渐放松管制，更多地发挥市场的调节作用。因此，政府角色应与文化产品和文化服务的特点相适应。从文化产品的可竞争性和可度量性的角度出发，根据两者不同的组合情况，要求政府选择不同的角色定位。例如，对于可竞争性与可度量性高的文化产品，政府应该选择“守夜人”的角色定位，发挥市场配置资源的决定性作用。要求政府完善文化产业政策体系，营造良好的政策环境和宽松的市场环境；制定文化产业发展战略，引导文化产业发展方向；建立健全法律体系，完善知识产权保护制度和文化产业版权保护制度，加强文化市场监管和规范。而对于低可竞争性、低可度量性的文化产品，政府应该作为直接供给者，大力推动非营利文化产业发展，并为非营利性文化组织提供良好的政策环境。

三、降低准入标准与交易费用

在国外不同文化产业发展模式中，政府都致力于营造宽松的市场环境，其目的在于降低准入门槛，放宽准入范围，减少交易费用。一是实施特定的文化产业政策，直接降低行业进入标准。例如，印度政府制定电影行业的投资融资政策，放松对外国投资的限制，并且无须预置的进入标准。二是通过税收政策、财政政策、贸易政策等，间接地降低文化企业的经营成本。例如，印度政府为鼓励数字技术、卫星技术和新媒介技术的使用，为文化企业提供诸多税收优惠，一定程度上降低了企业的交易费用。在我国文化产业发展过程中，政府先后出台了《关于非公有制进入文化产业的若干决定》《关于深化文化体制改革的若干意见》《国家“十一五”时期文化发展规划纲要》等相关政策，不断放松非公有资本进入文化产业的限制，以降低企业的交易成本。但是，我国政府将非公有资本准入领域分为“鼓励和支持”“允许、可以”和“禁止”三种情况，尤其对外资进入进行严格规范，严禁外商通过出版物分销、印刷、广告、文化设施改造等经营活动，变相进入频道、频率、版面、编辑和出版等宣传业务领域。[①] 由此可见，我国政府还需要适当地降低民营资本和外国资本进入文化产业的标准，进一步减少交易费用，为文化企业营造良好的市场环境。

四、发挥政府的市场监管作用

作为文化市场的监管者，政府功能主要体现在完善法律法规和保护知识产权，为文化产业发展提供必不可少的制度保障。例如，美国政府将“版

① 陈少峰：《中国文化产业十年》，金城出版社 2010 年版，第 29—30 页。

权”作为文化产业的核心，不断完善知识产权制度，为美国版权产业壮大以及国际版权贸易发展保驾护航。21世纪起，日本政府也开始注重知识财产的作用，颁布《知识财政基本法》，并每年推出《知识财产推进计划》，大力打击非法的盗版行为。我国政府在市场监管方面也发挥了积极作用。通过制定出版业、报刊业、广播电影电视等行业的产业政策和法律法规，我国基本上形成了比较完整的文化产业法律体系和政策网络，但总体来看仍存在政策以及法律缺失、滞后、混乱等问题，亟须政府完善文化产业政策以及法律法规，为市场监管活动提供法制基础。另外，由于我国文化产业发展时间较晚、经验不足，知识产权制度建设明显落后于西方发达国家。因此，我国政府必须加大版权立法力度，建立健全知识产权保护制度，营造良好的文化产业发展环境，提高文化工作者的积极性和创造性。

五、发挥社会组织的补充作用

国外政府不仅注重发挥文化市场的基础作用，而且将社会组织作为重要的补充力量，引入文化产业的各个行业领域以及发展阶段。其中，最为典型的是英国。英国政府遵循保持距离和适当分权的原则，实行三级文化管理体制，非政府公共文化机构作为承上启下的中介组织，由各个文化领域的专家、非官方的文化管理人员和志愿者组成，负责管理文化产业微观事务，具体分配文化经费。日韩政府积极推动“产学官”模式，在文化企业与研究机构之间充当协调者的角色，更大程度地发挥社会组织的科学性和专业性。印度政府也对志愿组织进行经济协助，鼓励其开展文化活动、保护传统艺术、发扬民族文化，弥补市场和政府行为的不足之处。在我国文化产业发展过程中，政府通常从“市场”和“国家”的两部门模式考虑，而忽略了第三部门独特的文化功能。由于市场失灵和政府失灵的存在，文化产业不仅靠政府部门和私人部门来推动，还需要挖掘社会组织的重要力量。因此，在某些领域我国政府要坚持“有所不为”的管理思想，积极鼓励第三部门参与文化产业领域，发挥其提供筹集资金来源、满足多元文化需求、进行文化事务微观管理等方面的作用。

第六章　我国文化产业发展中的政府角色及其实践探索

第一节　我国文化产业的发展历程

从1949年新中国成立到1978年改革开放，中国文化建设始终处于社会主义计划经济体制之下，一切文化活动都是有计划的生产和有组织的观赏，不以营利为目的，尚不能称其为“文化产业”。自改革开放以来，随着中国经济体制转型、大众传播技术发展、居民生活水平提高，文化产业出现萌芽并不断发展，以满足我国社会群众日益旺盛的精神文化需求。以1979年第一家音乐茶座在广州东方宾馆设立为萌芽标志，中国文化产业已经走过30余载峥嵘岁月，笔者认为可以将我国文化产业发展历程分为四个阶段：自发萌芽阶段（1978—1984年）、初步形成阶段（1985—1999年）、全面繁荣阶段（2000—2011年）以及转型发展阶段（2012年至今）。

一、自发萌芽阶段（1978—1984年）

1978年，党的十一届三中全会确立了以经济建设为中心的发展战略，部分企业开始尝试将文化与产业结合；同时，从20世纪70年代末到80年代中期，中共在思想路线、组织路线和政治路线上进行全面拨乱反正，社会公众开始突破思想束缚，渴望新生活、新知识、新观念，对文化消费的需求也越来越突出。正是在这种社会经济环境的大转变下，我国文化产业步入自发萌芽阶段。

在该阶段，中国开始出现经营性质的文化企业，但是整体来看数量非常少，而且经营范围主要集中在娱乐业、音像业、电影业和广告业。从全国范围来看，娱乐业率先取得发展。1979 年，广州东方宾馆开设国内首家音乐茶座，标志着中国文化娱乐市场发展的开始，打破了以往“政府办文化”的固化局面，随后各种营业性舞厅等经营场所在各大城市出现。虽然这些经营场所直到 1987 年才被政府接受，但在我国文化产业发展过程中具有里程碑式的意义。20 世纪 80 年代初期，由于港台文化对内地的影响，以及政府放松了对国外音像产品输入的管制，中国音像业逐渐起步。1983 年，上海市和广州市在全国城市中首先进行录像的生产和经营，我国开始建立录音制品出版社，同时海外录像机和录像带大量传入。1984 年，我国还出现了第一家营业性的卡拉 OK 厅，建立了最早的文化演出公司，恢复了外国音乐的广播节目，使社会公众的文化消费市场逐步得到恢复。[①]

在萌芽时期，尽管我国只出现少数具有经营性质的文化企业，文化管理体制整体上仍然受到计划经济思想的影响，而且文化产品的数量和质量远远不能满足社会公众的需求水平，但是该时期的文化产业实践对社会经济环境具有重要意义，尤其是对公众的社会观念造成强烈冲击。在这种思想冲击下，人们逐渐地意识到文化不仅具有政治教化功能，更是一种服务群众的娱乐产品，一种潜力巨大的产业种类。与此同时，我国文化事业体制的内在问题也日益凸显，例如人事制度上缺乏流动性，分配制度上严重平均主义，导致文化工作者缺乏积极性和创造性。这些问题都迫切要求我国政府进行文化体制改革，推动文化产业繁荣发展。

---

① 靳玉军：《中国文化产业发展研究》，硕士学位论文，西南大学，2005 年，第 13 页。

二、初步形成阶段（1985—1999 年）

1979 年广州东方宾馆开设国内首家音乐茶座后，大量文化娱乐场所如广告公司、放映厅、歌舞厅等开始出现。为此，国家相继出台了《广告管理条例》《关于艺术表演团体的改革意见》《关于改进舞会管理的通知》等政策性文件。1985 年，国务院转发国家统计局《关于建立第三产业统计的报告》，把文化艺术作为第三产业的一个组成部分，列入国民生产统计的项目中，这在某种程度上确认了文化要素的经济属性和产业属性。1992 年，“十四大”报告明确提出要“完善文化经济政策”，国务院办公厅还于同年出版书籍《重大战略决策——加快发展第三产业》，首次提到“文化产业”的说法。在该阶段，随着文化产业的经济地位不断提高，我国政府专门设置相关管理机构，并出台一系列政策法规，开始进行文化体制改革的初步探索。此时，我国文化产业初步形成，并取得了比较显著的成就，主要表现在文化市场发展和文化体制改革两个方面。

（一）文化市场快速发展

在文化产业初步形成阶段，我国文化市场呈现快速发展的良好态势。第一，文化市场的行业范围不断扩大。由原来的以娱乐业、音像业、广告业等行业为主，拓展到其他文化制造行业和文化服务行业，例如出版业、电视业、电影业等。20 世纪 90 年代图书出版业快速发展，到 90 年代后期民营图书出版业已经占据图书市场 50% 左右的份额。1999 年 2 月 24 日，全国第一个出版集团上海世纪出版集团成立，为后来出版产业的全面市场化改革奠定了基础。第二，各行业领域文化企业数量不断增加，整体水平有所提高。其中，出版业和娱乐业发展最为迅速。据不完全统计：1978 年图书出版社 200 余家，出版图书 1.5 万种，总印数 33.74 亿册；1986 年图书出版社增加到 446 家，出版图书 5.2 万种，总印数 52.03 亿册。截至 1990 年，京、津、沪等 19 个省、市、自治区的城镇有歌厅、舞厅、卡拉 OK 厅共 6966 家，台球厅 37201 家，电子游戏厅 17039 家；1992 年仅上海市就有娱乐场所 2000 多家。[①] 第三，文化要素市场开始发展，例如，文化中介市场、文化版权市场、文化艺术人才和劳务市场等。1992 年以来，国内一些文化产业较为发达的城市在发展文化中介市场方面做出巨大贡献。例如，上海市建立了多家提供中介服务的文化企业，并逐渐占据了演出市场的大部分领域，比较具有代表性的中介公司有上海演出公司、上海市对外文化交流公司、上海市演出总公司等。其中，上海演出公司是全国建立最早的具有独立法人资格的国有演出公司之一，专门经营境内外各类文艺演出，同时经营演出广告、舞台设计、演出器材等相关业务，其特点是初步形成集约化经营方式。[②]

（二）文化体制改革推进

在该时期，我国政府开始积极探索文化体制改革的方向和路径，主要体现在文化事业单位管理体制改革和文化产业投资准入改革两大方面。

为减少文化事业单位中普遍存在的政企不分、政文不分、效率低下的现象，文化部以及广大文化工作者探索出“以文补文”“多业助文”等多种经营模式，对文化企业和事业单位的领导建制进行尝试性的转换，例如，在剧团实现院长、团长负责制，在报社、出版社实行社长负责制。另外，还有许多城市文化部门对“大锅饭”分配模式进行调整，表现出锐意进取的改革态势。例如，在 1987 年，沈阳市电影公司对其所属的 12 家电影院

① 刘永梅：《中国文化产业发展研究》，博士学位论文，西南大学，2007 年，第 14 页。
② 刘永梅：《中国文化产业发展研究》，博士学位论文，西南大学，2007 年，第 16 页。

实行“三挂钩”承包经营的模式。[①]

在全国文化事业管理体制改革过程中，上海市取得成就尤其显著。从1992年开始，上海市文化局在各类艺术院团实行全员聘任制度的改革，其中心内容是实施全员聘任合同，改国家用工为单位用工，改固定制用工为合同制用工。从1997年到1999年，上海市根据国际化大都市发展的要求，对市属艺术院团的布局结构和管理模式进行重新定位，把它们分为政府重点投入院团、政府部分资助院团、社会办团、民间职业剧团四个层次。在文化生态上形成自上而下的金字塔状机构，并在确保重点院团的情况下，鼓励社会办团，规范民间职业剧团。

在文化产业投资准入方面，我国政府逐渐放松对部分行业融资、投资的管制，社会资本和外资开始积极参与文化产业发展，基本形成了国有资本为主导、民间资本和国外资本为重要组成部分的新格局。以文化艺术、娱乐、音像书刊为例，1997年国有文化部创办的文化经营单位仅占整个文化经营单位的10%左右，而非国有文化部门创办的文化经营单位占比高达88.6%。这与我国计划经济体制下的文化经营单位分布格局形成鲜明对比。[②]

在文化产业初步形成阶段，我国政府肯定了文化产业的经济性质，而且国务院办公厅首次提出“文化产业”的说法，但是仍未在官方文件中正式确立“文化产业”的概念。在该时期，我国文化产业发展和文化体制改革齐头并进，虽然在文化市场发展和事业单位管理体制改革等方面取得可喜成绩，但是从总体来看，文化体制改革效果十分有限，发展文化产业和文化事业仍处于不平等的地位。

① 刘永梅：《中国文化产业发展研究》，博士学位论文，西南大学，2007年，第13页。
② 陈立旭：《当代中国文化产业发展历程审视》，《中共宁波市委党校学报》2003年第3期。

三、全面繁荣阶段（2000—2011 年）

在全面繁荣阶段，我国政府集中出台大量推动文化产业发展的政策，其内容主要包括以下五大方面：一是推动文化体制改革、重塑市场主体的政策，如 2003 年国务院办公厅发布的《关于印发文化体制改革中支持文化产业发展和经营型文化事业单位转职为企业的两个规定的通知》，并于 2008 年在此基础上进行修订和完善，形成了《文化体制中经营性文化事业单位转制为企业的规定》和《文化体制改革中支持文化企业发展的规定》两个正式文件。二是放宽文化产业准入的政策，如 2005 年国务院发布的《关于非公有资本进入文化产业的若干决定》，提出要形成以公有制为主体、多种所有制经济共同发展的文化产业格局，2006 年发布的《国家"十一五"时期文化发展纲要》也强调要创造平等机会，鼓励非公有文化企业发展。三是重点扶持市场体系建设的政策，如 2007 年国务院出台的《关于加快发展服务业的若干意见》和 2009 年国务院出台的《关于进一步促进中小企业发展的意见》，同时其他部门在税收、金融、保险、土地等方面都出台了大量政策，如 2010 年中宣部等九部委下发的《关于金融支持文化产业发展振兴和发展繁荣的意见》。四是鼓励文化产品和服务出口的政策，如 2003 年文化部在《关于支持和促进文化产业发展的若干意见》中提出要实施"走出去"战略，2006 年文化部等八部委在《关于鼓励和支持文化产品和服务出口若干政策》中提出，要培养外向型骨干企业，重点扶持中国特色的文化艺术，支持新兴文化产品进入国际市场。五是鼓励新兴文化产业发展的政策，如在《文化产业振兴规划》中提出要大力发展新兴文化业态，采用数字网络等新高科技推动文化产业升级，文化部也先后出台支持动漫网络游戏产业发展的相关政策。

在这个时期，我国文化产业经历了官方正名、国家战略性产业、国家支柱性产业的发展过程，并逐渐成为衡量我国经济发展水平以及综合国力的重要标准。2000 年，在《中共中央关于制定国民经济和社会发展第十个五年规划的建议》中我国政府首次为“文化产业”正名，并以官方文件的形式使用“文化产业”的概念。同年 10 月，中共中央十五届五中全会通过的《中共中央关于“十五”规划的建议》提出：要完善文化产业政策发展，加强文化市场建设和管理，推动有关文化产业发展，推动信息产业与文化产业的结合。2009 年，官方发布《文化产业振兴规划》，明确指出要把文化产业发展成为国家战略性产业，这说明我国政府逐渐认识到文化产业对于提升经济硬实力和文化软实力的积极作用。在 2010 年，《中共中央关于制定国民经济和社会发展第十二个五年规划的建议》中首次提出“推动文化产业成为国民经济支柱性产业”，这标志着我国文化发展将迈上新台阶。具体来看，该阶段我国文化产业发展主要体现在以下四个方面：一是文化产业综合实力提升；二是文化体制改革成绩显著；三是对外开放程度不断提高；四是文化产业区域建设优化发展。

（一）文化产业综合实力提升

从总体情况来看，我国文化产业规模不断扩大，而且文化产业实力不断增强。统计数据显示：2004 年以来，我国文化产业增加值从 3440 亿元增加到 2010 年的 11052 亿元，占 GDP 比重由 2.1% 增加到 2.75%；2011 年，我国文化产业增加值为 13479 亿元，比 2010 年增长 21.96%，高于同期 GDP 的现价年均增长速度达 4 个百分点。这说明该时期我国文化产业保持高速发展的良好态势。

从行业发展情况来看，我国文化产业呈现出传统行业与新兴行业协同发展、相互融合的趋势。一方面，电影电视、新闻出版等传统行业发展迅速。2009 年，全国新闻出版业产值突破 1 万亿，比上年增长 20%，实现增加值 3100 亿元，提前完成“十一五”规划的各项指标。全国电影票房连续五年保持 30% 以上的高增长率，2011 年全国票房总额达到 130 亿元。另一方面，在互联网产业、新媒体产业的带动之下，我国艺术品交易行业同样发展迅速，到 2010 年艺术品交易已经突破 1200 亿元，成为世界第三大艺术品拍卖市场。而且，我国已经逐渐发展成为演艺、出版、动漫游戏、艺术品和网络文化生产和消费大国的行列。①

从组织结构情况来看，我国文化产业出现了集群、集中的并行趋势。“集群”主要体现为空间形态的园区化，产业的园区化有利于推动产业链完善，辐射带动相关产业和周边经济发展，为知识创新、网络共享提供良好的文化生态。截至 2011 年，全国已经建立各种园区和基地 300 多个，集聚的文化企业 2 万多家，高层次人才 10 万多人。“集中”主要体现为跨区域、跨行业、跨领域、跨所有制的集团化。目前，已经组建的集团覆盖了广播影视、演艺、出版、发行等多种门类。例如，江苏凤凰传媒出版传媒集团，就是整合省内的发行网络，并控股海南发行集团公司。北京也组建了出版集团、发行集团、演艺集团等，资产和收入水平接近和超过 100 亿元的骨干文化企业开始大量涌现。②

从所有制结构情况来看，多种所有制共同发展格局初步形成。随着国家政策对文化产业领域的鼓励，非公有资本的准入门槛不断降低、准入领域不断放宽。民营资本和国外资本进入文化产业的速度和规模逐渐加大，尤其是在新兴行业，市场化程度更高，社会资本更为集中。在我国文化产业的经营性单位中，2004 年公有与非公有资本之比为 51 ：49；2008 年公有与非公有资本之比为 47.5 ：52.5；其中非公有资本相比上升了 3.5 个百分点。部分地区非公有资本占比更高，例如北京非公有资本占比就高达

① 吴锡俊：《文化产业政策设计与政府职能转变》，北京联合出版社 2014 年版，第 90 页。
② 吴锡俊：《文化产业政策设计与政府职能转变》，北京联合出版社 2014 年版，第 92 页。

80%。另外，从文化私营企业数量来看，2008 年我国文化私营单位达到 29.9 万家，比 2004 年增加了 13 万家，从业人员达到 400 万人，增加 140 万人，主营业务收入增长 144%。[①]

（二）文化体制改革成绩显著

首先，我国经营性文化单位转制改企较为成功。截至 2010 年底，2118 家国有文化院团中已有 590 家完成转制，地方 3000 多家非时政类报刊出版单位已有 595 家完成转制，全国建成出版、报业、期刊集团和国有发行集团 106 个；全国经营性图书出版社、国有新华书店全部完成改制，在境内外上市的新闻出版企业 41 家；全国 35 家图书国有电影制片单位、70 家电视剧制作机构、204 家省市电影公司、293 家电影院完成转企改制。全国已有 19 个省区市完成全省性有限电视网络融合，有 9 家广播影视企业重组上市，涌现出一批具有较强实力和竞争力的大型国有骨干企业和企业集团。[②]

其次，以国家扶持为主的文化事业加大了改革力度：国家图书馆推出外借图书面向全国读者服务、调整收费等改革措施；国家话剧院积极推动话剧与影视制作结合，推动资源延伸和整合；东方歌舞团以演出为中心，对艺术生产的产业化运作方式进行探索。而且，作为文化体制改革核心任务的政企分开、政事分开和管办分离逐步实现，文化管理体制改革进展顺利。在新闻出版领域和广电领域基本实现“局社分开”“局台分开”，文化行政主管部门正逐步由微观管理向宏观管理转变，面向社会的公共服务能力不断增强，文化市场综合执法深入推进。统计数据显示：截至 2010 年

① 吴锡俊：《文化产业政策设计与政府职能转变》，北京联合出版社 2014 年版，第 93 页。

② 《党的十六大以来我国文化体制改革成就综述》，2011 年 10 月 12 日，人民网（http://news.xinhuanet.com/politics/2011-10/12/c_122149865.htm）。

12 月，北京上海等 12 个省市基本完成了综合执法改革，除新疆西藏外，402 个地级市中，295 个组建了综合执法机构，占比 73%；2592 个县（区）中，1622 个组建了综合执法机构，占比 63%。[①]

（三）对外开放程度不断提高

扩大文化产品和服务出口一直是我国文化产业的重要政策目标。这既是经济全球化时代下提升我国文化国际竞争力和影响力的必然选择，也是推动产业结构优化、促进国民经济发展的重要战略举措。自 21 世纪初，我国政府深入实施文化"走出去"战略，出台一系列提高文化产业对外开放程度的政策措施，并取得了一定成就。相关统计数据显示：自 2004 年起，文化贸易出口额年均增速都在 20% 以上；从 2001 年到 2010 年，文化产品和服务出口规模分别增长了 2.8 倍和 8.7 倍；2011 年，我国出口文化产品 187 亿美元，比上一年同期增长了 24.1%。其中，从地域结构来看，广东文化产品出口最多，高达 73.5 亿元，占出口总额 39.3%；从产品结构来看，视觉艺术品约占出口总额的 50%，达 93.3 亿元。[②]

我国网络游戏行业、演艺行业、动漫行业等国际市场发展迅速。在"十五"期间，仅有 6 家网游企业自主研发的 7 款游戏走出国门。在 2011 年，共有 34 家中国企业自主研发的 131 款网络游戏进入海外市场，实现销售收入 4.03 亿美元。相比 5 年前，中国网络游戏出口规模已经翻了 6 倍。目前，中国已经成为全球最大的游戏市场。[③] 其他如演艺行业的舞台剧《功夫传奇》、杂技芭蕾《天鹅湖》、原生态歌舞《云南印象》、综艺舞台剧目《中国风》等打入国际市场。另外，在文化传播渠道建设上，中央电视台第 4

① 《中国文化系统文化体制改革试点工作取得可喜进展》，2005 年 1 月 5 日，中新网（http://www.zjcnt.com/Article/2006-03-20/2006032015312914.shtml）。
② 吴锡俊：《文化产业政策设计与政府职能转变》，北京联合出版社 2014 年版，第 94 页。
③ 吴锡俊：《文化产业政策设计与政府职能转变》，北京联合出版社 2014 年版，第 94 页。

和第6频道通过与境外主流媒体合作，成功进入英美法等100多个国家和地区，其他地方电视台也通过节目互换等形式将节目输出海外。许多民营传媒机构在海外通过资本并购，建立起面向当地的传播平台，扩大中国文化影响力。例如，四达公司在非洲购买网络电视，蓝海公司在美国及澳大利亚等国家开设独立电视频段，西京集团在英国及欧洲收购普罗派乐电视台，天创公司在美国购买白宫剧场实现中国剧目在美国的驻场演出等。这些活动都在不断扩大中国文化的影响力，为我国的文化输出逐步奠定良好的基础。在对外文化贸易与交流平台的建设方面，由中央部门与地方共同举办的中国国际文化产业博览会、中国北京文化创意产业博览会、中国西部文化产业博览会、中国义乌文化产品交易博览会等发挥着越来越重要的作用，其交易额、交易人数和出口额都在逐年实现突破。

（四）文化产业区域建设优化发展

从我国文化产业区域发展实际情况来看，根据《我国文化产业发展战略研究》课题的研究结果表明，我国文化产业区域发展总体上存在三种基本形态：以农耕文明为基础，以手工业为主要生产方式的“传统文化产业形态”；以工业文明为基础，以大规模及其复制为主要生产方式的“现代文化产业形态”；以信息文明为基础，以数字技术和互联网为主要生产方式的“新型文化产业形态”。另外，文化产业发展总体情况可以具体划分为五类区域，一是以上海、北京、广东、云南四个省市为代表的支柱型地区，这四个省市文化产业增加值占GDP比重连续数年超过5%；二是以湖南、天津、江苏、湖北为代表的扩张型地区，这类地区文化产业快速增长，文化产业占GDP比重也有持续较大提高；三是以福建、河南、安徽三个省份为代表的成长型地区，它们在文化产业增长速度上有较持续的高水平标新；四是以重庆、山西、浙江、山东、辽宁、吉林、江西、广西、陕西九个省市为代表的调整型地区，这些地区尚未探索出适合当地文化产业发展的道路，使得文化产业发展没有显示出速度上和规模上的良好表现；五是以四川、新疆、西藏、海南、内蒙古、甘肃、宁夏七个省区为代表的孵化型地区，其文化产业增加值占 GDP 比重始终低于全国总体水平，说明文化产业尚处于培育和孵化阶段。

我国部分省市凭借特色的文化资源以及宽松的政策环境，积极探索因地制宜的文化产业发展模式，为其他地区的文化产业建设提供了借鉴作用，例如北京的综合型模式、河南的文化资源拉动型模式、上海的创意经济型模式、深圳的文化科技型模式等。其中，上海市较早开始发展文化产业，并奠定了文化产业的支柱性地位。2003 年，上海政府制定了文化产业三年发展行动计划，并将文化服务业确定为上海发展现代服务业的新增长点，随后又制定了“一轴”“两河”“多圈”“特色文化街区”的发展战略，引导文化产业发展。另外，2004 年全国第一家“国家动漫产业振兴基地”落户上海，该基地利用产学研结合的方式，联合上海宽视网络电视有限公司、华东师大以及中国社科院文化研究中心，并专门设置创意中心和研发中心，推动上海动漫产业的创新发展。

四、转型发展阶段（2012 年至今）

2012 年起，我国文化产业面临着产业外部宏观经济形势下行的压力，以及产业内部政策效应衰减的影响，开始进入一个重要的转折期和敏感的过渡期，并出现了文化市场“从短缺走向短缺与过剩并存”的发展趋势。其实，自从 2000 年党的十五届五中全会提出发展文化产业以来，受国家过分依赖产业政策主导发展进程、过分依赖投资推高发展速度的影响，也由于文化领域市场开放程度较低的限制，我国政府推动文化产业发展的手段比较单一，更多地依赖改革对“存量”潜能的“释放”，以及政策对“增量”产能的“促进”，文化产业在保持“高档位”“热运行”状态的同时，也带来了以行政手段配置资源的种种问题。例如，强化行业性和区域性壁垒，阻碍文化资源的流动，导致市场分割和重复建设。又如，价格信号扭曲，导致市场结构不合理，开放度高的部分过度竞争、供大于求，开放度低的部分竞争不足，供不应求。这些都导致我国文化市场在低水平基础上迅速从短缺走向过剩，使文化产业发展不具有可持续性。

在这种大背景下，我国开展了两次具有重要意义的会议，对文化产业未来发展图景进行规划。2012 年 11 月，党的十八大通过了题为《坚定不移沿着中国特色社会主义前进　为全面坚持小康社会而奋斗》的报告，对于建成全面小康社会的社会主义文化强国目标做出了全面描述。在 2013 年 11 月，党的十八届三中全会通过了《中共中央关于全面深化改革若干重大问题的决定》(以下简称《决定》)，对于如何推进文化体制改革，实现全面小康社会的文化目标做出了战略部署。这两次会议都提出了“换挡”的改革思路，即将文化产业发展的基础和动力从政府转向市场，并放缓发展速度，将发展重点转向转型升级。转换动力机制就是需要进一步厘清市场和政府的关系，根据市场配置资源的需要全面深化改革，而降低发展速度则是在新的发展基础上使产业发展“回归常态”。从决定的基本思路出发，过度依赖政策只能产生增长的一时之效，建立健全文化市场体系才能开启合理的和可持续的发展空间。

2014 年以来，“新常态”成为我国经济领域的“热词”。随着我国经济进入增长速度换挡期、结构调整阵痛期、前期刺激政策消化期的“三期叠加”阶段，经济发展从高速增长转为中高速增长，政府逐渐降低了对市场的宏观调控，充分发挥市场配置资源的决定性作用，经济发展日益回归市场竞争。从生产角度来看，发展方式日益从数量规模型转向质量效益型，要素扩张驱动力逐渐减弱，人力资本和技术创新驱动力逐渐加强。从消费角度看，模仿型排浪式消费阶段基本结束，个性化、多样化消费将成为主流，开始拉动市场产生结构性变化。此时，我国文化产业发展也进入“新常态”的转型阶段，主要表现为以下三大特点：一是文化产业的“热运行”态势持续趋缓，发展速度回归常态化；二是文化产业逐渐融入实体经济，走上了与市场经济先行国家同样的常态化道路；三是文化产业逐渐回归文化市场，法制建设成为新常态法治的根本保障。

2004—2011 年期间，我国文化产业增加值依然保持增长趋势，但增速开始放缓。统计年鉴相关数据显示：2011 年，我国文化产业法人单位增加值为 13479 亿元，同比增长 21.96%，略低于 2004—2010 年的平均增长率 23.6%；从 2012 年开始，我国文化产业“热运行”态势趋缓，我国文化产业出现增速明显放慢的现象。2012 年，我国文化产业法人单位增加值为 18071 亿元，同比增长 16.5%；2013 年，我国文化产业法人单位增加值为 20081 亿元，同比增长 11.1%。2014 年，我国文化产业法人单位增加值为 23940 亿元，同比增长 12.1%；2015 年，我国文化产业法人单位增加值为 25829 亿元，同比增长 8% 左右。另外，从文化投资、文化消费、出口贸易等情况具体来看，我国文化产业发展都呈现出“新常态”的阶段特征。

（一）文化投资情况

由于近年来文化产业发展形势良好，以及相关文化投资政策鼓励，资本开始加快进入该领域。从总体情况来看，在 2008—2012 年期间，文化产业投资规模从 9390.73 亿元增长至 19576.68 亿元，年均增幅达 20%。而且，该时期的文化产业投资偏重固定资产投资，尤其是文化传播领域的固定资产投资。2013 年，我国文化产业投资总规模为 25741.03 亿元，同比增长 16.68%，文化产业投资增速明显放缓。其中，产品生产固定性资产投资、传播渠道固定资产投资、生产性文化服务类固定资产投资总规模为19046.01亿元，文化内容固定资产投资规模为6695.01亿元，同比分别增长21.76%和4.30%。[①]2013年文化产业投资出现整体持续向好而文化内容固定资产投资增长偏慢的迹象。

从我国社会资本投入文化产业状况来看，自从2010年九部委出台《关于金融支持文化产业振兴和发展繁荣的指导意见》后，银行机构、保险机构迅速推出适应文化产业特点的信贷机制和保险服务，同时文化产业投资基金迅速发展，为文化企业提供多层次的资本市场和全方位的进入支持。其中，信托融资方式实现高速增长，2012年文化产业信托产品发行64次，融资规模达到116.28亿元。截至2013年7月，文化产业通过发行信托产品进行融资余约124次，融资金额达到198.56亿元。[②]中国银行间债券市场则成为文化企业债券融资的核心市场，截至2013年7月，约有21家企业在上海证券交易所和深圳证券交易所进行债券融资，融资金额达到96.2亿元；有80多家文化企业在银行间市场进行180多次各类债券融资工具交易，融资规模累计在1820亿元左右。[③]

另外，私募股权融资在融资数量和融资规模上都呈现出快速增长的趋势。2006—2012年我国文化产业领域内发生私募股权融资事件总数为711起，其中公布规模的投融资事件为464起，投融资涉及金额折合1026.9亿元。如图6—1所示，据不完全统计，2011年和2012年我国文化产业领域内发生的私募股权投融资事件分别为220起和211起，其中公布金额的投融资事件分别为149起和113起。2013年我国文化产业领域内发生私募股

① 张晓明、王家新、章建刚：《中国文化产业发展报告（2015—2016）》，社会科学出版社2016年版，第119页。

② 张晓明、王家新、章建刚：《中国文化产业发展报告（2014）》，社会科学出版社2014年版，第57页。

③ 张晓明、王家新、章建刚：《中国文化产业发展报告（2015—2016）》，社会科学出版社2016年版，第129页。

权投融资事件 652 起，其中公布金额的投融资事件为 612 起，投融资涉及金额为 251.85 亿元。[①] 由此可见，以 2011 年为拐点，我国文化产业私募股权融资表现为融资事件猛增，融资规模变大。

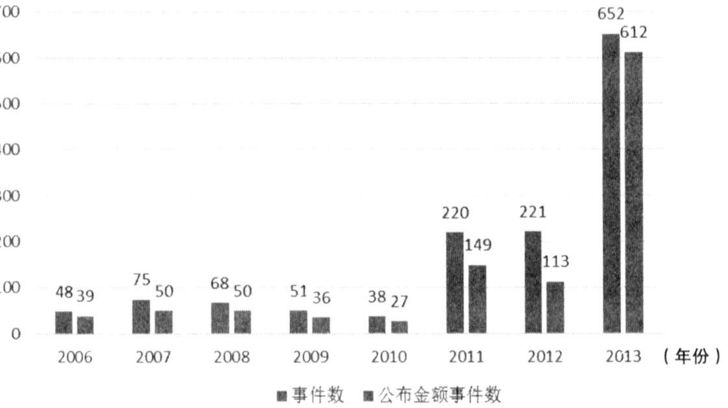

图 6—1　2006—2012 年我国文化产业各年度私募股权投融资总数

从我国文化企业跨国投资情况来看，主要表现为对外投资事件不断增加，同时投资规模不断扩大。2003—2012 年间，我国文化产业共发起海外投资事件 77 起，2013 年我国文化企业在海外进行股权投资事件 50 起，涉及金额高达 40.76 亿美元。另外，我国文化产业海外投资呈现出行业多元化、领域全面化的特征，标的方主要包括软件网络及计算机服务领域、游戏动漫领域、SNS 社交网络领域、教育培训领域以及文化产业外的其他领域。其中，2013—2014 年间，投资软件网络及计算机服务业的事件有 15 起，涉及金额 45520 万美元，投资方主要是阿里巴巴、腾讯和百度，而类似于网信和奇虎等规模稍小的互联网企业也开始走向海外。投资游戏动漫

① 张晓明、王家新、章建刚：《中国文化产业发展报告（2015—2016）》，社会科学出版社 2016 年版，第 130 页。

领域事件 8 起，SNS 社交网络领域事件 5 起，教育培训领域事件 2 起，投资方主要为腾讯。文化产业以外领域的海外投资更加丰富，主要以阿里巴巴、奇虎、百度等互联网企业为主，投资领域也基本与本身业务领域相关或者具有业务延伸功能。例如，阿里巴巴对美国标的方 Peel 和 Lyft 进行投资，投资金额分别为 5000 万美元和 2.5 亿美元。①

（二）文化消费情况

首先，我国文化消费支出总量保持稳步增长趋势，同时增长率出现小幅回升。如图 6—2 所示，从文化消费支出总量来看，我国居民文化消费支出总量从 2007 年的 6326 亿元增加到 2013 年的 13827 亿元，增长超过一倍。从文化消费支出增长率来看，经过连续两年下降之后，2011 年起我国居民文化消费支出的增长率呈现上升趋势，由 2011 年的 12.43% 增至 2013 年的 20%。同时，我国人均文化消费支出呈现稳定增长趋势，2013 年增长情况尤为显著。如图 6—3 所示，2007—2013 年期间，全国人均文化消费支出从 1051.82 元上升到 1891.53 元。"十二五"以来的 3 年时间，全国人均文化消费支出增长约 400 元。其中，2013 年全国人均文化消费支出增长纯属，增幅达到 17.09%，一改过去 3 年涨幅在 10% 上下波动的局面。②

另外，从城乡视角来看，我国城乡文化消费总量保持稳步增长趋势，但是二者之间的差距也在进一步拉大。如图 6—4 和图 6—5 所示，在 2007 年，城镇人均文化消费支出约为农村人均文化消费支出的 2.3 倍；在 2013 年，城镇人均文化消费支出大致是农村人均文化消费支出的 3 倍。值得关注的是，虽然城镇和农村的人均文化消费支出都保持在比较高的增长率，

---

① 张晓明、王家新、章建刚：《中国文化产业发展报告（2015—2016）》，社会科学出版社 2016 年版，第 132—134 页。

② 张晓明、王家新、章建刚：《中国文化产业发展报告（2015—2016）》，社会科学出版社 2016 年版，第 93 页。

但是城乡人均文化消费支出增长率之间的差距也在逐渐加大。如图所示，与 2012 年相比，2013 年农村人均文化消费支出增长略有下降，为 9.21%；而 2013 年城镇人均文化消费支出增长率达到 21.33%。[①] 由此可见，从总体来看，城镇人均文化消费支出增长更快。

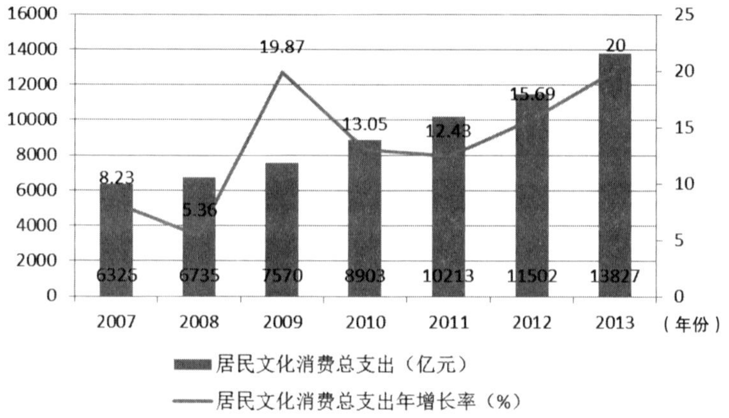

图 6—2　2007—2013 年我国居民文化消费总支出及年增长率

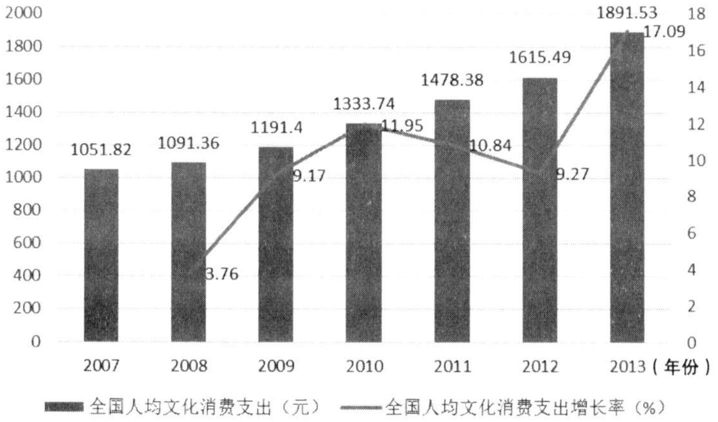

图 6—3　2007—2013 年全国人均文化消费总支出及年增长率

① 张晓明、王家新、章建刚：《中国文化产业发展报告（2015—2016）》，社会科学出版社 2016 年版，第 94 页。

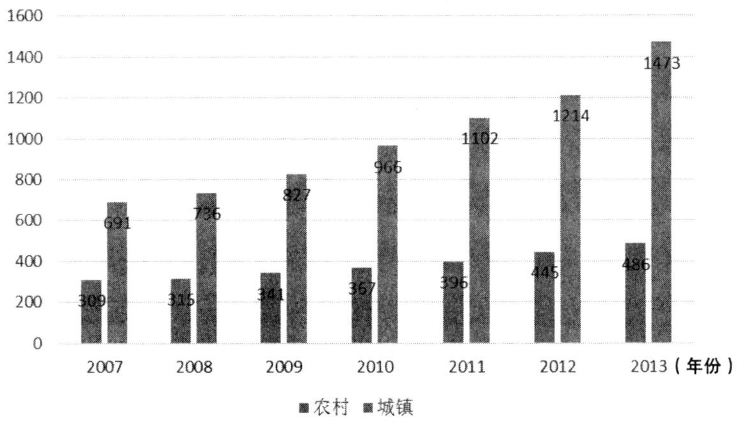

图 6—4　2007—2013 年农村人均文化消费支出与城镇人均文化消费支出

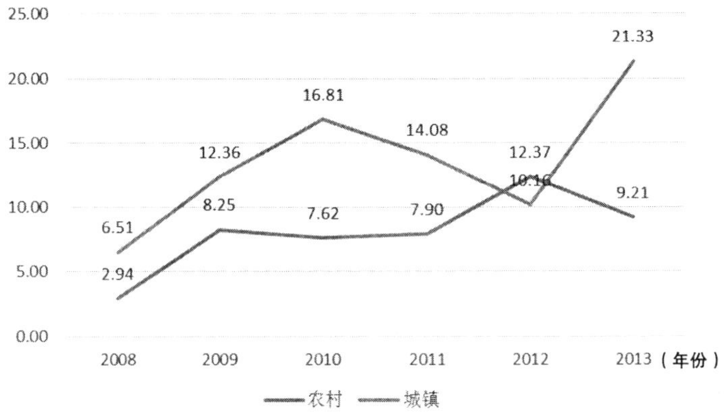

图 6—5　2007—2013 年城乡人均文化消费支出增长率

（三）出口贸易情况

从出口贸易的整体情况来看，在 1996—2013 年间，中国文化产品进出口额总体呈现逐步上升的趋势。其中，文化产品进口额的增长幅度小于出口额的增长幅度，这说明我国文化产品贸易的顺差额总体上也在稳步提高。2008—2009 年，受到全球性的金融危机等一系列不利因素的影响，文化产品的出口额明显下降，由 31.1 亿美元下降到 24.4 亿美元，文化产品出口贸易进入短暂的“寒冬期”。2010 年后，我国文化产品出口额一路攀升，尤其是在 2012 年，文化产品出口额达到 53.8 亿美元，年增长率高达 46.2%。①

从不同行业的发展情况来看，我国多数行业的海外收入仍然保持增加趋势，但是普遍出现增速放缓的现象。尤其是网络游戏行业的出口贸易，其增长率持续降低最为明显。如图 6—6 所示，2010 年我国网络游戏出口总额为 2.29 亿美元，增长率高达 116%；2011 年出口总额为 4.03 亿美元，增长率为 76.0%；2013 年出口总额为 5.87 亿美元，增长率降低到 45.60%。另外，我国出版业、电影业、电视业等传统文化行业也出现了对外贸易困难的尴尬局面。例如：2012 年我国电影年产量 700 多部，但全年销往海外的影片仅为 75 部，共销往 80 个国家（地区），共计 199 部次，其中合拍片为 46 部，比例高达 61.33%；海外票房及销售总收入为 10.63 亿元，不及国内票房的 10%，比 2011 年同比减少 48%。2013 年上半年，我国共有 23 部影片销往海外，海外票房及销售总收入仅为 5.41 亿元。②

---

① 张晓明、王家新、章建刚：《中国文化产业发展报告（2015—2016）》，社会科学出版社 2016 年版，第 148 页。

② 张晓明、王家新、章建刚：《中国文化产业发展报告（2014）》，社会科学出版社 2014 年版，第 81 页。

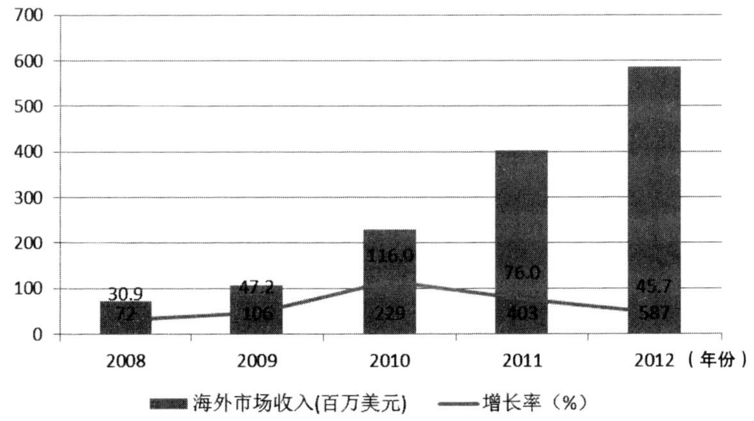

图 6—6　2008—2012 年我国网络游戏产业市场规模及增长率

就在多数文化行业发展速度普遍放缓的大背景下，艺术品业异军突起，成为我国文化贸易的新亮点。从国际艺术品贸易市场情况来看，2012 年我国艺术品进出口数量为 14951855 件，金额共 62218 万余美元。2013 年上半年，我国艺术品进出口数量为 6053254 件，金额共 45396 万余美元。[①]总体来看，2012 年我国艺术品出口增速远大于进口增速；但是，2013 年 2 月份以来艺术品进口额飞速发展，进出口贸易差额逐步缩小。与我国文化贸易总体逆差的状况不同，艺术品的对外贸易总体为顺差，而且与发达国家的顺差存在逐年扩大的趋势。

① 张晓明、王家新、章建刚：《中国文化产业发展报告（2014）》，社会科学出版社 2014 年版，第 87 页。

第二节　我国文化产业发展中的政府角色及其实践

一、我国文化产业发展中的政策变迁

自改革开放以来，我国文化产业发展先后经历了自发萌芽、初步形成、全面繁荣和转型发展四个阶段。下面笔者将按照时间顺序对我国文化产业政策而进行梳理，通过对各个阶段的文化产业政策进行总结，并对不同阶段的文化产业政策加以比较，探究我国文化产业发展中政府角色和政府实践的转变过程。

（一）初步形成阶段（1985—1999 年）

时间	政策文件 / 法律法规	主要内容
1985 年 4 月	《关于艺术表演团体的改革意见》	《意见》明确提出推动艺术表演团体改革，并正式纳入到各级党和政府的工作日程。具体改革措施如下：合理调整艺术表演团体布局结构；确定编制，精减人员；改革领导体制和内部管理体制，扩大自主权；加快培养艺术人才，繁荣艺术创作等改革思路；各地在先前艺术表演团体体制改革经验基础上推行院团承包制，对艺术院团分配制度等内部运行机制进行调整。

（续表）

1987年2月	《关于改进舞会管理的通知》	《通知》首先肯定了举办营业性舞厅是我国社会主义商品经济发展和人们物质文化生活水平日益提高的一种客观需求，但是要求改进管理、从严掌握，具体管理措施《条例》明确指出要加强广告管理，推动广告事业的发展，有效地利用广告媒介为社会主义建设服务。①规定广告管理的对象和范围，包括通过报刊、广播、电视、电影、路牌、橱窗、印刷品、霓虹灯等媒介或者形式。②规定广告管理机关是国家工商行政管理机关和地方各级工商行政管理机关。③规定经营广告业务的单位和个体工商户必须向工商行政管理机关申请办理审批登记手续。④规定广告内禁止出现的内容，如涉及反动、淫秽、迷信、荒诞内容等。
1987年10月	《广告管理条例》	《条例》明确指出要加强广告管理，推动广告事业的发展，有效地利用广告媒介为社会主义建设服务。①规定广告管理的对象和范围，包括通过报刊、广播、电视、电影、路牌、橱窗、印刷品、霓虹灯等媒介或者形式。②规定广告管理机关是国家工商行政管理机关和地方各级工商行政管理机关。③规定经营广告业务的单位和个体工商户必须向工商行政管理机关申请办理审批登记手续。④规定广告内禁止出现的内容，如涉及反动、淫秽、迷信、荒诞内容等。

（续表）

1988 年 3 月	《关于报社、期刊社、出版社开展有偿服务和经营活动的暂行办法》	《办法》提出要正确引导报社、期刊社、出版社办好报刊、出好图书，促进我国报刊和图书出版事业的发展，更好地为“两个文明”建设服务。①报社、期刊社、出版社应当正确处理好本职工作和其他经营活动的关系，在注意经济效益的同时把社会效益放在首位，开展国家政策允许的、与本身业务有关的有偿服务和经营活动。②报社、期刊社、出版社在履行国家规定的审批手续后，可以开展部分有偿服务和经营活动。③报社、期刊社、出版社应加强对经营活动的领导和管理。上级主管部门和工商行政管理机关要给予引导和支持。
1988 年 9 月	《关于加快和深化艺术表演团体体制改革的意见》	《意见》主要是对已有艺术表演团体改革工作进行总结，并提出加快和深化体制改革意见。①在艺术表演团体现有组织运行机制的基础上逐步实现“双轨制”：少数代表国家和民族艺术水平的，或带有试验性的，或具有特殊的历史保留价值的，或少数民族地区的艺术表演团体，由政府主办；大多数艺术表演团体，应当采取多种所有制形式，由社会主办。②推进人事制度、分配制度等内部机制改革。③建立完善的文化市场体系，为艺术表演团体和艺术表演人员提供良好的竞争环境。④政府文化主管部门对艺术表演团体实行间接管理，推动院团领导机制由党委负责制转变为院团长负责制。

（续表）

1991 年 6 月	《文化部关于文化事业若干经济政策意见的报告》	《报告》正式提出了“文化市场”的概念，同时明确了文化市场的管理范围、任务、原则和方针，标志着我国文化市场地位得到官方承认。①要把文化事业作为社会主义精神文明建设的重要举措，增加文化事业经费投入。②要加强文化设施建设，将群众需要的文化娱乐基础设施建设纳入城乡建设的总体规划。③切实加强影剧院等维修改造工作，解决各级公共图书馆购书经费紧张问题，合理调整艺术表演团体布局结构并提供财政支持。④扶持老少边贫地区的文化事业建设，尤其要对农村文化事业进行重点补助，努力提高全民族的文化素质。⑤“以文补文”活动取得了显著成效，要求各有关部门要继续予以支持，关于经营方向、收支管理、周转金和税收等问题要严格按照规定执行。
1992 年 6 月	《关于加快发展第三产业的决定》	《决定》首次认可了文化产业的“产业”性质，并将文化生产和服务纳入第三产业。加快发展第三产业的主要政策和措施主要包括：①充分调动各方面的积极性，引入市场竞争机制，依靠社会各方面力量；②依靠深化改革、扩大开放加快发展第三产业的步伐，加快使用海外资金和技术，推动集团化经营；③积极推进大部分福利型、公益型和事业型第三产业单位向经营型转变；④简化审批手续，扩大经营自主权，允许第三产业企业采取更加灵活的经营方式；⑤通过金融和税收等经济手段大力扶持第三产业发展。

（续表）

1993 年 11 月	党的十四届三中全会《中共中央关于建立社会主义市场经济体制若干问题的决定》	《决定》提出要建立社会主义市场经济体制，要求坚持以公有制为主体、多种经济成分共同发展的方针，建立全国统一开放的市场体系，实现城乡市场紧密结合、国内国际市场相互衔接；要转变政府管理经济的职能，建立以间接手段为主的完善的宏观调控体系。在上述背景下，我国文化体制改革步伐开始加快，政府部门开始由“直接管理”向“间接管理”转变，社会资本和国外资本参与文化市场明显增加。
1997 年 8 月	《广播电视管理条例》	为了加强广播电视管理，发展广播电视事业，促进社会主义精神文明和物质文明建设，《条例》明确指出：①广播电视事业应当坚持为人民服务、为社会主义服务的方向，坚持正确的舆论导向；②国务院广播电视行政部门负责全国的广播电视管理工作，地方广播电视行政部门负责本行政区域内的广播电视管理工作；③要求大力推动国家发展广播电视事业，提高广播电视覆盖率，尤其是支持农村、民族自治和边远贫困地区发展广播电视事业。
1998 年 12 月	《公安部、信息产业部、文化部、国家工商行政管理局关于规范“网吧”经营行为加强安全管理的通知》	为了规范“网吧”的经营行为，加强对“网吧”的安全管理，维护社会治安秩序，保护青少年的身心健康，《通知》明确规定申请网吧经营的条件，例如，营业场地安全可靠、具有相应的计算机设备和技术人员、建立完善的安全保护管理制度等。另外，“网吧”经营单位需要经通信行业管理部门批准，领取经营许可证，并将其名称、地址、终端数量、从业人员名单及代理协议等材料报当地通信行业管理部门备案。

（二）全面繁荣阶段（2000—2011年）

时间	政策文件 / 法律法规	主要内容
2000年1月	《文化产业发展第十个五年计划纲要》	《纲要》明确提出“十五”期间发展文化产业的基本方针、主要目标、基本任务，要求大力推动文化事业的改革和发展，不断满足人民群众日益增长的精神文化需求，繁荣和发展社会主义文化。为初步建立与社会主义市场经济体制相适应、政府调控市场、市场引导企业的文化产业运行框架，实现文化产业增加值每年以20%以上的速度快速增长，《纲要》提出要基本建立以产业政策为主要调控手段的文化产业宏观管理体制，基本形成以公有文化企业为主体、国有文化企业为导向、与非公有文化企业多元化发展的文化企业格局，初步建成比较完整的文化市场体系。
2000年12月	《关于支持文化事业发展若干经济政策的通知》	为了加大财税支持力度，促进文化产品生产和推动文化设施建设，改革宣传文化管理体制和完善宣传文化机构内部经营机制，《通知》明确规定：①对营业性文化单位继续征收文化事业建设费；对出版物的增值税继续实行先征后退的办法。②继续实施发展电影事业的经济政策，例如：对经国务院批准成立的电影制片厂销售的电影拷贝收入，免征增值税；对电影发行单位向放映单位收取的发行收入，免征营业税。从电影放映收入中提取5%建立“国家电影事业发展专项资金”等。继续增加对宣传文化事业的财政投入，逐步增加对边远地区、民族地区文化事业的投入。③建立健全专项资金制度，进一步完善“宣传文化发展专项资金”“优秀剧（节）目创作演出专项资金”“国家电影事业发展专项资金”“电影精品专项资金”和“出版发展专项资金”等专项资金制度。

（续表）

2001 年 4 月	《互联网上网服务营业管理场所办法》	申请经营网吧的条件增加，监督管理机构增加。文化行政部门负责互联网上网服务营业场所经营单位的设立审批，并负责对其经营活动的监督管理；公安机关负责对互联网上网服务营业场所经营单位的信息网络安全、治安及消防安全的监督管理；工商行政管理部门负责对互联网上网服务营业场所经营单位登记注册和营业执照的管理；电信管理等其他有关部门可以在各自职责范围内实施有关监督管理。另外，网吧经营者的权利和义务更加明确，列出了一些具体的规定，例如：中学、小学校园周围 200 米范围内和居民住宅楼（院）内不得设立互联网上网服务营业场所；互联网上网服务营业场所经营单位应当在营业场所入口处的显著位置悬挂未成年人禁入标志；互联网上网服务营业场所每日营业时间限于 8 时至 24 时等。
2001 年 12 月	《电影管理条例》	为了加强对电影行业的管理，发展和繁荣电影事业，满足人民群众文化生活需要，促进社会主义物质文明和精神文明建设。《条例》明确规定：①国务院广播电影电视行政部门主管全国电影工作，地方电影行政部门负责本行政区域内的电影管理工作；②国家对电影摄制、进口、出口、发行、放映和电影片公映实行许可制度，且发放的许可证和批准文件不得出租、出借、出售或者以其他任何形式转让；③全国性电影行业的社会团体应在国务院广播电影电视行政部门指导下，实行自律管理。

（续表）

2003 年 9 月	《文化部关于支持和促进文化产业发展的若干意见》	《意见》强调发展文化产业对实现我国经济、政治、文化协调发展和全面建设小康社会的宏伟目标具有战略意义。《意见》还提出，要推动国有经营性文化单位改革，逐步放宽市场准入政策，利用高新技术提升文化产业竞争力，实施“走出去”的发展战略，扶持发展具有示范性、导向性的重点文化产业项目，创造良好的文化市场环境，积极整合文化资源，切实加强知识产权保护工作等。
2003 年 10 月	党的十六届三中全会《完善社会主义市场经济体制若干问题的决定》	《决定》明确提出要深化文化体制改革，逐步建立党委领导、政府管理、行业自律、企事业单位依法运营的文化管理体制。针对公益性文化事业，要加大国家投入，增强活力，改善服务；针对经营性文化事业，要创新体制，转换机制，面向市场，壮大实力。健全文化市场体系，建立富有活力的文化产品生产经营体制。完善文化产业政策，鼓励多渠道资金投入，促进各类文化产业共同发展，形成一批大型文化企业集团，增强文化产业的整体实力和国际竞争力。

（续表）

2004年10月	《文化部关于鼓励、支持和引导非公有制经济发展文化产业的意见》	为了进一步鼓励、支持和引导非公有制经济进入文化产业领域，推动我国文化产业快速发展，更好地满足人民群众日益增长的精神文化需求。《意见》明确提出：①进一步放宽市场准入，积极鼓励和支持非公有制经济进入，允许非公有制经济进入法律法规未禁止进入的文化产业领域；②打破所有制界限，打破地区封锁和部门封锁，坚持非公有制文化企业与国有、集体文化企业同等待遇；③大力营造非公有制经济发展文化产业的良好政策环境和市场环境，逐步形成统一开放、竞争有序的市场体系；④进一步转变政府职能，强化服务意识，为非公有制文化企业提供全面有效的服务。
2004年10月	《中外合资、合作广播电视节目制作经营企业管理规定》	为了规范对中外合资、合作广播电视节目制作经营企业的管理，促进中国广播电视节目制作产业发展。《规定》明确提出：①不得设立外商独资广播电视节目制作经营企业；②国家广播电影电视总局、商务部根据职责分工，共同负责全国合营企业的设立审批和监督管理工作，省级广播电视行政部门负责本行政区域内合营企业的日常监督管理工作。

（续表）

2005年8月	《关于加强文化产品进口管理的办法》	为了加强和改进文化产品进口的管理，切实保护知识产权，提高对外开放水平，维护国家文化安全，《办法》明确指出：①文化行政部门负责音像制品、美术品和演出项目进口等方面的监督管理工作；广播电影电视行政部门负责广播电视节目、电影、电视剧、动画片进口，中外合作制作电影电视剧动画片和境外卫星电视频道落地等方面的监督管理工作。（2）国家继续对文化产品进口实行特许经营，对经营单位实行文化产品进口经营许可证制度。进口经营许可证由国务院文化、广播电影电视、新闻出版行政部门核发。③境外电视剧、影视动画片及电视节目的引进，报广电总局审批，实行引进项目申报制，由具备资格的单位按规定申报，加强对引进电视剧、动画片及电视节目的内容审查和总量控制。
2006年1月	《关于深化文化体制改革的若干意见》	《意见》提出必须抓住重要战略机遇期，深化文化体制改革，为建设社会主义先进文化注入强大动力。《意见》要求：①推进文化事业单位改革，根据现有文化事业单位的性质和功能进行分类指导，提出不同的改革要求；②深化文化企业改革，规范国有文化事业单位的转制；③加快文化领域结构调整，合理配置文化资源，优化国有文化资产结构失衡、效益不高、闲置浪费等问题；④培育现代文化市场体系，加强文化产品和要素市场建设，形成统一、开放、竞争、有序的现代文化市场体系；⑤加强文化领域宏观管理，加快转变政府职能，明确文化行政管理部门职责，理顺文化行政管理部门与所属文化企事业单位的关系。

（续表）

2006年9月	《国家“十一五”时期文化发展规划纲要》	《纲要》提出“十一五”时期文化发展的重点是：①抓好基层文化建设，加大力度改善农村及中西部地区公共文化基础设施条件，完善公共文化服务体系，保障农民和城市低收入群体的基本文化权益。②抓好塑造国家文化形象的重大项目和工程建设，推出一批体现民族特色、反映时代精神、具有国际一流水准的文化艺术精品，创作生产更多更好适应人民群众需求的优秀文化产品。③抓好文化创新能力建设，以内容创新为核心，着力培育创新主体，加速科技与文化的融合，提高我国文化自主创新能力。④抓好文化“走出去”重大工程、项目的实施，充分利用国际国内两个市场、两种资源，主动参与国际合作和竞争，加强对外文化交流，扩大对外文化贸易。⑤抓好人才培养，营造有利于优秀人才脱颖而出的体制机制和社会环境，建设一支规模宏大、素质较高的文化工作者队伍，为文化发展提供坚实的人才保障。
2009年9月	《文化产业振兴规划》	明确提出规划目标，要求文化市场主体进一步完善、文化产业结构进一步优化、文化创新能力进一步提升、现代文化市场体系进一步完善、文化产品和服务出口进一步扩大，这对我国文化产业发展具有指导作用。《规划》还总结出当前和今后时期的重点任务，主要包括：发展重点文化产业、实施重大项目带动战略、培育骨干文化企业、加快文化产业园区和基地建设、扩大文化消费、建设现代文化市场体系、发展新兴文化业态、扩大对外文化贸易。并在此基础上实施降低准入门槛、加大政府投入、落实税收政策、加大金融支持、设立中国文化产业投资基金等政策措施。

（续表）

2010年4月	《关于金融支持文化产业振兴和发展繁荣的指导意见》	《意见》是我国金融支持文化产业发展的第一个宏观性政策指导文件，目的是进一步改进和提升对中国文化产业的金融服务，支持文化产业振兴和发展繁荣。《意见》要求：金融机构要根据文化企业的实际情况，积极开发适合文化产业特点的信贷产品，建立符合监管要求的灵活的差别化定价机制，建立专门针对文化产业金融服务的考评体系；大力发展多层次资本市场，扩大文化企业的直接融资规模，推动符合条件的文化企业通过上市融资或者通过发行债券等其他方式融资；积极培育和发展文化产业保险市场，积极开发适合文化企业需要的保险产品，鼓励保险公司探索开展信用保险业务。
2010年10月	《中共中央关于制定国民经济和社会发展第十二个五年规划的建议》	《建议》明确提出要繁荣发展文化事业和文化产业，坚持一手抓公益性文化事业、一手抓经营性文化产业。以农村基层和中西部地区为重点，继续实施文化惠民工程，基本建成公共文化服务体系。在政府引导下发挥市场机制积极作用，培育骨干文化企业和战略投资者，鼓励和引导非公有制经济进入，发展新型文化业态，增强多元化供给能力，满足多样化社会需求，繁荣社会主义文化市场，推动文化产业成为国民经济支柱性产业。加强对外宣传和文化交流，创新文化“走出去”模式，增强中华文化国际竞争力和影响力。

（四）转型发展阶段（2012 年至今）

时间	政策文件 / 法律法规	主要内容
2014 年 2 月	《深化文化体制改革实施方案》	《方案》将要启动实施 80 多项改革任务，主要包括三个方面：一是积极推进的改革任务，包括基本完成省级新闻出版、广播电影电视部门的整合，依法减少和规范文化行政审批，推进国有经营性文化单位转企改制，建立公共文化服务体系建设协调机制，加强现代文化市场体系建设等。二是稳妥推进的试点任务，包括传媒企业实行特殊管理股制度试点，公共图书馆、博物馆、文化馆、科技馆等组建理事会试点，基层综合性文化服务中心建设试点等。三是研究制定的政策文件，包括制定构建现代公共文化服务体系的意见，明确国家基本公共文化服务标准和指标体系，出台支持经营性文化事业单位转企改制和文化企业发展政策的实施细则，制定促进电影发展的经济政策，以及扶持地方戏曲发展、实体书店发展政策等。
2014 年 3 月	《藏羌彝文化产业走廊总体规划》	《规划》主要包括三个方面的内容：一是发展重点领域，即文化旅游、演艺娱乐、工艺美术和文化创意等新兴业态；二是优化空间布局，即构建核心区域，完善梯度布局；三是加强文化产品生产，即推动骨干文化企业和园区基地生产，扶持小微企业，培育知名文化品牌。

（续表）

2014年3月	《关于推进文化创意和设计服务与相关产业融合发展的若干意见》	《意见》提出推进文化创意和设计服务与相关产业融合发展的目标，即到2020年，文化创意和设计服务的先导产业作用更加强化，与相关产业全方位、深层次、宽领域的融合发展格局基本建立，相关产业的文化含量显著提升，培养一批高素质人才，培育一批具有核心竞争力的企业，形成一批拥有自主知识产权的产品，打造一批具有国际影响力的品牌，建设一批特色鲜明的融合发展城市、集聚区和新型城镇。《意见》还提出塑造制造业新优势、加快数字内容产业发展、提升人居环境质量、提升旅游发展文化内涵、挖掘特色农业发展潜力、拓展体育产业发展空间、提升文化产业整体实力等七大重点任务。
2014年3月	《关于加快发展对外文化贸易的意见》	《意见》主要包括四个方面的内容：一是明确支持重点。鼓励和支持国有、民营、外资等享有同等待遇、鼓励和引导文化企业加大内容创新力度、支持文化企业拓展文化出口平台和渠道、支持文化和科技融合发展等；二是加大财税支持。加大文化产业发展专项资金等支持力度、对国家重点鼓励的文化产品出口实行增值税零税率等；三是强化金融服务。鼓励金融机构探索适合对外文化贸易特点的信贷产品和贷款模式、支持重点企业扩展融资方式等；四是完善服务保障。享受海关便捷通关措施、减少对文化出口的行政审批事项、加强相关知识产权保护等。

（续表）

2014 年 3 月	《关于深入推进文化金融合作的意见》	《意见》是为巩固和扩大《关于金融支持文化产业振兴和发展繁荣的指导意见》的实施成果，鼓励金融资本、社会资本、文化资源更好地结合。《意见》提出了深化金融合作的制度安排，具体包括建立文化金融合作部际会商机制、完善文化金融中介服务体系、推动文化企业直接融资、重视金融支持小微文化企业发展、创新文化金融服务组织形式等。
2014 年 6 月	《关于支持电影发展若干经济政策的通知》	为促进中国电影繁荣发展，提高中国电影的整体实力和竞争力，推动中国电影在关键时期迈上一个新的台阶，《通知》提出若干经济政策，具体包括加强电影事业发展专项资金的使用和管理、加大电影精品专项资金支持力度、对电影产业实行税收优惠政策和金融支持政策、加强和完善电影发行放映的公共服务和监管体系建设、实行支持影院建设的差别化用地政策等。
2014 年 8 月	《关于大力支持小微文化企业发展的实施意见》	《意见》在宏观政策层面为支持各种形式小微文化企业发展工作明确了目标、方向和任务。《意见》明确指出：①要增强创新发展能力，培育企业发展优势，激发企业创新意识，提升经营管理水平；②打造良好发展环境，优化文化市场环境，推进创业载体建设，加快人才培育步伐；③健全金融服务体系，创新金融服务方式，拓宽企业融资渠道；④完善财税支持政策，加大财政支持力度，落实税费优惠政策；⑤提高公共服务水平，构建公共服务网络，发挥社会组织作用。

（续表）

2014 年 8 月	《关于推动特色文化产业发展的指导意见》	《意见》要求，加大财政对特色文化产业发展的支持力度，把特色文化产业发展工程纳入中央财政文化产业发展专项资金扶持范围，分步实施、逐年推进。充分发挥财政资金杠杆作用，重点支持具有地域特色和民族风情的民族工艺品创意设计、文化旅游开发、演艺剧目制作、特色文化资源向现代文化产品转化和特色文化品牌推广，支持丝绸之路文化产业带、藏羌彝文化产业走廊建设。《意见》还提出了发展重点领域、发展区域性特色文化产业带、建设特色文化产业示范区、打造特色文化城镇和乡村、健全各类特色文化市场主体、培育特色文化品牌等六个方面的主要任务。
2014 年 8 月	《关于取消和调整一批行政审批项目等事项的决定》	《决定》提出：再次取消和下放 45 项行政审批项目，取消 11 项职业资格许可和认定事项，将 31 项工商登记前置审批事项改为后置审批。其中，涉及文化产业及相关领域的共 29 项，取消和下放行政审批 12 项，工商登记前置审批改为后置审批 17 项。取消和下放审批主要涉及新闻出版业、旅游业、集邮票品交易以及文物保护领域，工商登记前置审批改为后置审批则主要集中在演艺娱乐业、电影业。

（续表）

2015 年 1 月	《关于加快构建现代公共文化服务体系的意见》	《意见》对加快构建现代公共文化服务体系，推进基本公共文化服务标准化、均等化，保障人民群众基本文化权益做出全面部署。①要求统筹推进城乡之间、地区之间的公共文化服务均衡发展，推动革命老区、民族地区、边疆地区、贫困地区公共文化建设实现跨越式发展；②要求增强公共文化服务发展动力，培育和促进文化消费，鼓励和引导社会力量参与大力推进文化志愿服务；③要求加强公共文化产品和服务供给，提升公共文化服务效能，丰富优秀公共文化产品供给；④要求推进公共文化服务与科技融合发展，提升公共文化服务现代传播能力，加快推进公共文化服务数字化建设；⑤创新公共文化管理体制和运行机制，加大公益性文化事业单位改革力度，创新基层公共文化管理机制，完善公共文化服务评价工作机制；⑥加大公共文化服务保障力度，加大财税支持力度，加强基层文化队伍建设。
2015 年 1 月	《关于促进云计算创新发展培育信息产业新业态的意见》	《意见》对云计算的发展提出了具体目标，即“到 2020 年，云计算应用基本普及，云计算服务能力达到国际先进水平，掌握云计算关键技术，形成若干具有较强国际竞争力的云计算骨干企业。云计算信息安全监管体系和法规体系健全。大数据挖掘分析能力显著提升。云计算成为我国信息化重要形态和建设网络强国的重要支撑，推动经济社会各领域信息化水平大幅提高。”《意见》还提出了七项保障措施，包括完善市场环境、建立健全相关法律制度、加大财税政策扶持力度、完善投融资政策、建立健全标准规范体系、加强人才队伍建设、积极开展国际合作等。

（续表）

2015年1月	《关于促进智慧旅游发展的指导意见》	《意见》对智慧旅游发展提出了具体目标，即“到2020年，我国智慧旅游服务能力明显提升，智慧管理能力持续增强，大数据挖掘和智慧营销能力明显提高，移动电子商务、旅游大数据系统分析、人工智能技术等在旅游业应用更加广泛，培育若干实力雄厚的以智慧旅游为主营业务的企业，形成系统化的智慧旅游价值链网络。”《意见》还提出了十项主要任务，包括夯实智慧旅游发展信息化基础，建立完善旅游信息基础数据平台，建立游客信息服务体系，建立智慧旅游管理体系，构建智慧旅游营销体系，推动智慧旅游产业发展，加强示范标准建设，加快创新融合发展，建立景区门票预约制度，推进数据开放共享等。
2015年3月	《博物馆条例》	《条例》为了进一步规范博物馆的设立、变更、终止，明确设立博物馆应当具备的条件，并对相关设立、变更、终止程序做出明确规定。《条例》明确规定：国家在博物馆的设立条件、提供社会服务、规范管理、专业技术职称评定、财税扶持政策等方面，公平对待国有博物馆和非国有博物馆。
2015年3月	《关于发展众创空间推进大众创新创业的指导意见》	《意见》重点强调了八项任务，即加快构建众创空间，降低创新创业门槛，鼓励科技人员和大学生创业，支持创新创业公共服务，加强财政资金引导，完善创业投融资机制，丰富创新创业活动，营造创新创业文化氛围。

（续表）

2015 年 5 月	《关于做好政府向社会力量购买公共文化服务工作的意见》	为了加快推进政府向社会力量购买公共文化服务工作，《意见》提出明确规定：①积极有序推进政府向社会力量购买公共文化服务工作，明确购买主体、科学选定承接主体、明确购买内容、制定指导性目录、健全监管机制、加强绩效评价等；②营造政府向社会力量购买公共文化服务的良好环境，加强组织领导、强化沟通协调、注重宣传引导、严格监督管理。
2015 年 7 月	《关于积极推进“互联网 +”行动的指导意见》	为了推动互联网由消费领域向生产领域拓展，加速提升产业发展水平，增强各行业创新能力，《意见》提出了推进“互联网 +”的七方面保障措施：一是夯实发展基础。二是强化创新驱动。三是营造宽松环境。四是拓展海外合作。五是加强智力建设。六是加强引导支持。七是做好组织实施。《意见》还提出了“互联网 +”的具体目标，即到 2025 年，网络化、智能化、服务化、协同化的“互联网 +”产业生态体系基本完善，“互联网 +”新经济形态初步形成，“互联网 +”成为经济社会创新发展的重要驱动力量。
2015 年 9 月	《三网融合推广方案》	《方案》要求大力发展数字出版、互动新媒体、移动多媒体等新兴文化产业，促进动漫游戏、数字音乐、网络艺术品等数字文化内容的消费。《方案》还提出了四项主要任务，包括在全国范围推动广电、电信业务双向进入；加快宽带网络建设改造和统筹规划；强化网络信息安全和文化安全监管；切实推动相关产业发展等。

（续表）

2015 年 12 月	《关于新形势下加快知识产权强国建设的若干意见》	《意见》提出：推进知识产权强国建设要坚持战略引领、改革创新、市场主导、统筹兼顾的基本原则；要将推进知识产权管理体制机制改革、实行严格的知识产权保护、促进知识产权创造运用、加强重点产业知识产权海外布局和风险防控、提升知识产权对外合作水平、加强组织实施和政策保障等方面作为主要任务。
2016 年 3 月	《全民科学素质行动计划纲要实施方案（2016—2020 年）》	《方案》提出要繁荣科普创作，支持优秀科普原创作品以及科技成果普及、健康生活等重大选题，支持科普创作人才培养和科普文艺创作，同时大力开展科幻、动漫、视频、游戏等科普创作，推动制定对科幻创作的扶持政策，推动科普游戏开发，加大科普游戏传播推广力度，加强科普创作的国际交流与合作。
2016 年 4 月	《关于进一步深化文化市场综合执法改革的意见》	为了进一步深化文化市场综合执法改革，促进文化市场持续健康发展，《意见》明确指出六大重点任务，主要包括明确综合执法适用范围、加强综合执法队伍建设、健全综合执法制度机制、推进综合执法信息化建设、完善文化市场信用体系、建立健全综合执法运行机制，等。另外，在组织领导方面，要求完善文化市场综合执法管理体制，明确机构设置、编制、人员和经费，健全考核机制，推动相关立法。
2016 年 6 月	《2016 年深入实施国家知识产权战略加快建设知识产权强国推进计划》	为了深入实施国家知识产权战略，加快建设知识产权强国，《计划》从严格保护知识产权、加强知识产权创造运用、深化知识产权领域改革、加大知识产权对外合作交流、夯实知识产权发展基础、加强组织实施和保障等六大方面提出了具体的分工任务。

（续表）

2016 年 6 月	《全民健身计划（2016—2020 年）》	《计划》明确提出：到 2020 年，群众体育健身意识普遍增强，参加体育锻炼的人数明显增加；全民健身的教育、经济和社会等功能充分发挥，与各项社会事业互促发展的局面基本形成，体育消费总规模达到 1.5 万亿元；全民健身成为促进体育产业发展、拉动内需和形成新的经济增长点的动力源。《计划》提出了 7 个方面的主要任务，包括弘扬体育文化，促进人的全面发展；开展全民健身活动，提供丰富多彩的活动供给；推进体育社会组织改革，激发全民健身活力；统筹建设全民健身场地设施，方便群众就近就便健身；发挥全民健身多元功能，形成服务大局、互促共进的发展格局；拓展国际大众体育交流，引领全民健身开放发展；强化全民健身发展重点，着力做好基本公共体育服务均等化和重点人群、项目发展等。

二、我国文化产业发展中的政府角色及其实践

从文化产业发展阶段以及文化产业政策变迁历程来看，我国政府的角色定位具有动态性的特征，经历了由直接供给者转变为管理者、再转变为服务者的过程。新中国成立至改革开放前，我国文化建设始终处于计划经济体制之下。从 1949 年新中国成立开始，各地政府相继成立行政管理单位，专门配备骨干人员，建立文化事业管理制度，统一文艺院团的创作方向和内容，带有明显的政治倾向和意识形态。在该时期，政府在文化产业发展处于绝对主导地位，进行全面干预和直接供给。从 1978 年至今，我国文化产业发展中的政府角色逐渐由“管、审、批”的管理者向“扶、帮、助”的服务者转变，尤其在文化产业的转型发展阶段，更加注重政府在规划制

定、经济调节、市场监管、公共服务等方面的作用。

一是由微观管理向宏观规划转变，主要通过制定文化产业发展战略，引导我国文化产业发展方向。在 2009 年 7 月，国务院通过了我国第一部文化产业专项规划——《文化产业振兴规划》，对文化产业进行了全面规划，标志着我国文化产业已经上升为国家战略性产业；2011 年 10 月，在《中共中央关于深化文化体制改革 推动社会主义文化大发展大繁荣若干重大问题的决定》中明确提出了文化产业改革的发展目标：到 2020 年文化产业成为国民经济支柱产业，推动文化产业成为新的经济增长点、经济结构战略性调整的重要支点、转变经济发展方式的重要着力点。

二是由主要依靠行政手段向以经济手段、法律手段为主转变，不断完善文化产业领域的法律法规，利用税收政策、财政政策、金融政策等进行间接的经济调节。2010 年九部委出台的《关于金融支持文化产业振兴和发展繁荣的指导意见》和 2011 年保监会、文化部联合出台的《关于保险业支持文化产业发展有关工作的通知》，提出加大有效的信贷投放，推动银行机构、保险机构支持文化产业，扩大文化企业的直接融资规模。近年来，我国政府还相继发布了《国务院关于推进文化创意和设计服务与相关产业融合发展的若干意见》《关于大力支持小微文化企业发展的实施意见》《关于继续实施支持文化企业发展若干税收政策的通知》等，为文化企业提供了诸多税收优惠和财政支持。另外，我国政府越来越强调“以法治文”的原则，逐步建立起一套以《著作权法》为基础，以《电影管理条例》《广播电视管理条例》《出版管理条例》等 9 大行政法规为主体，以及部门规章和地方性法规为依托的法律法规体系，为文化产业发展提供了良好的法律保障。

三是我国政府在保护文化遗产和民族文化以及提供公共文化服务方面发挥了越来越重要的作用。随着区域文化产业建设的不断推进，各级政府愈加关注地方特色的文化资源和民族文化，逐步建立法规体系，并加大财政投入，以维护文化多样性。例如，在文化遗产保护领域，我国先后制定了《国家级非物质文化遗产保护与管理暂行办法》等一系列法律法规。而且，根据中国文化产业发展指数报告显示，2006—2012 年间地方制定和完善关于文化遗产类法律的数量要远多于中央。在文化体制改革逐渐深化的背景下，尤其是 2007 年《关于进一步加强公共文化服务体系建设的若干意见》出台后，我国政府加大公共财政投入，扩大面向基层面向农村的文化基础建设，逐步建立起覆盖城乡的公共文化服务体系。全国县级公共图书馆、文化馆、街乡文化站覆盖率明显提高，西新工程、东风工程、广播电视村村通工程、农村文化信息资源共享工程等文化惠民工程成效显著，少数民族地区以及农村地区的公共文化服务水平得到提高。

第三节　我国文化产业发展中政府角色的利弊分析

为了探究我国文化产业发展中政府角色的利弊作用，笔者将结合本书第四章交易费用理论及相关理论模型，选取电影产业进行实证分析。通过概述我国电影产业的发展历程和发展趋势，以及政府在电影行业领域的主要措施，一是探讨电影产品的可竞争性和可度量性特征是否发生动态改变，政府角色是否也相应发生转移；二是分析政府的具体措施对于电影业发展的影响，即该措施是否导致电影产品的可竞争性和可度量性发生错位。

一、我国电影产业发展历程及趋势

从新中国成立至今，我国电影业经过了“一波三折”的发展历程。在改革开放前，中国模仿苏联的电影管理体制，建立了统购统销、政企合一的电影事业体制。在一定时期内，我国电影产量和质量都有所提高，再加上其他娱乐方式的匮乏，电影观众和票房大大增加。1978 年改革开放后，随着大众的文化需求日益多样化和娱乐化，带有明显意识形态宣传功能的电影产品受到人们的排斥和批判。另外，由于电视机、VCD、DVD 逐渐普及，港台和国外文化不断输入，中国电影市场开始逐渐萎缩。1992 年起，我国电影票房收入开始下滑，到 20 世纪 90 年代末降到历史最低点。面对电影产业发展停滞的严峻现实，在 20 世纪 90 年代，我国政府进行了改革的初步探索，逐渐打破了统购统销模式以及地域性垄断。在中国加入 WTO 后，政府进一步推动电影市场化改革，取消国有企业的垄断保护权力，电影投资和拍摄逐渐向社会和国外开放，实施"院线制"以消除跨地区经营的壁垒。从此，我国电影业重新进入了快速发展的黄金时期。

近几年，我国电影产业发展态势良好，在银幕数量、院线数量、电影产量、票房收入等方面都保持快速增长。如表 6—1 所示，自从我国院线制改革以来，电影院线数由 2005 年的 37 条增加至 2013 年的 45 条。2005—2012 年间，我国银幕总数增长迅猛。到 2013 年，全国银幕总数达到 18195 块，新增银幕数约 5077 块，平均每天新增 13.9 块银幕。[①]

表 6—1　我国院线数、银幕增加数及银幕总数情况

年 份	2005	2006	2007	2008	2009	2010	2011	2012	2013
院线数（条）	37	30	34	34	37	38	39	45	45
银幕增加数（块）	272	366	493	570	626	1533	3030	3832	5077
银幕总数（块）	2668	3034	3527	4097	4723	6256	9286	13118	18195

① 《我国电影行业产量及收入发展现状分析》，2014 年 6 月 6 日，中国产业信息网（http://www.chyxx.com/industry/201406/251705.html）。

如图 6—7 所示，全国各类电影总产量由 2007 年的 582 部增加至 2013 年的 824 部，其中，故事影片产量也由 2007 年的 402 部增加至 2013 年的 638 部，[①] 我国电影产量整体保持增长态势。如图 6—8 所示，在 2005—2014 年期间，我国电影票房收入节节攀升；2012 年，全国电影票房收入达到 170.73 亿元，同比增长 30.18%；2013 年，全年电影票房收入 217.69 亿元，同比增长 27.51%；2014 年，全国电影票房收入 296.39 亿元，同比增长 36.15%，[②] 远高于世界电影票房的年度增幅。

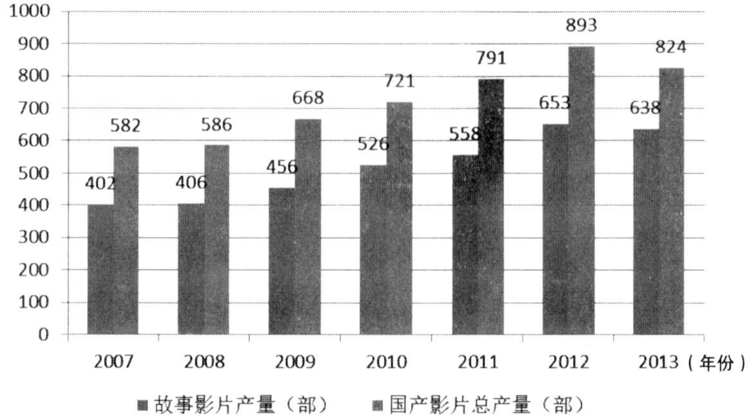

图 6—7　我国故事影片产量及国产影片总产量情况

① 《我国电影行业产量及收入发展现状分析》，2014 年 6 月 6 日，中国产业信息网（http://www.chyxx.com/industry/201406/251705.html）。

② 《2014 年中国电影总票房 296 亿 国产占比过半》，2015 年 1 月 1 日，新华网（http://finance.chinaso.com/detail/20150101/1000200032725261420100879995739298_1.html）。

影产业直接供给者的角色定位，以及实行电影事业管理体制的制度安排，都是出于对交易费用高低的考虑。早期进入电影行业存在技术障碍和资源障碍，沉没成本和资产专用性都很高，企业无法自由地进入和退出市场。这导致电影产品及服务的可竞争性和可度量性较低，通过市场进行交易的交易费用较高，所以应该由公共部门直接提供和控制。

但是，随着电影技术不断发展，以及资本、信息和人才等要素市场逐渐完善，电影行业的技术障碍和资源障碍减少，企业可以更加自由地进入和退出市场。如图6—9所示，电影产品及服务的可竞争性和可度量性提高，政府的角色定位也会发生相应的转变，即由直接提供者逐渐向市场平台搭建者、监管者、维护者转变。从整体来看，我国政府在电影行业的角色定位转变主要体现在几个方面。首先，政府由微观事务转向宏观领域，制定电影产业发展规划。例如，2000年出台《关于进一步深化电影业改革的若干意见》，提出新时期我国电影产业的发展方向，对于我国电影产业发展及电影体制改革具有重要的指导意义。其次，政府不断降低市场准入，减少市场壁垒，以鼓励非公有资本投入电影产业。例如，颁布《外商投资电影院暂行规定》以及补充规定，一定程度上放宽外资的准入限制。最后，政府出台一系列财政、税收、金融方面的优惠政策，为电影业发展营造良好的政策环境。例如，2014年发布《关于支持电影发展若干经济政策的通知》，要求对电影产业实行税收优惠政策和金融支持政策，对中西部地区县级城市影院建设实施资金补贴政策等。[①]

① 《七部委九大政策支持电影发展 实施财税金融支持》，2014年6月19日，凤凰网（http://finance.ifeng.com/a/20140619/12573673_0.shtml）。

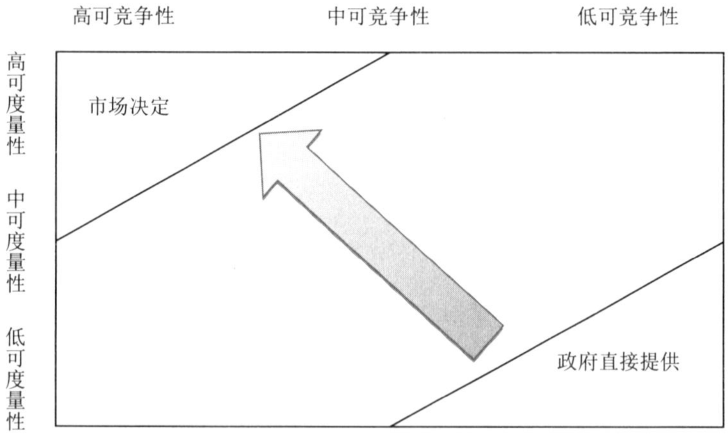

图 6—9　我国电影产业特征及政府角色变化

另外，对我国电影产业某些具体措施进行分析，如设置行业准入壁垒和实行电影审查制度。这些措施是否导致电影产品及服务的交易特征发生扭曲。也就是说，电影产业应属于可竞争性和可度量性均较高的产业类型，而政府干预是否使其可竞争性和可度量性有所降低，进而对电影产业发展造成消极影响。

自改革开放以来，整体而言，我国文化产业的准入门槛降低，准入范围扩大。但是在电影行业领域，我国政府设置行业准入壁垒，限制非公有资本尤其是外资进入。根据 2001 年《关于改革电影发行放映机制的实施细则（试行）》规定，组建一条省内院线必须有 10 家以上以资本或供片为纽带的专业电影院，组建一条跨省院线必须有 15 家以上以资本或供片为纽带且影剧院分布在不同省级区域的专业影剧院此外，一个省的院线组建最多不超过 3 条。由此可见，我国政府严格控制院线组建的数量及规模，无形设置了较高的行业准入门槛，阻止部分企业自由进入该领域。在非公有资本进入尤其是外资进入方面，在 2005 年公布的《关于文化领域引进外资的若干意见》中提出：禁止外商投资与政治宣传、意识形态、文化安全等有关的文化行业，其中包括电影制作公司、发行公司、院线公司等。例如，外商不得设立独资影城；在中方控股51%以上或中方占有主导地位的条件下，外商可以通过合资、合作的方式设立和经营影城。[①] 这将导致民间资本以及国外资本无法自由流入电影行业，发展潜力亦得不到充分实现。

另外，我国实施严格的电影审查制度。2001年，国务院颁发《电影管理条例》，以“思想”作为主要的审查对象，严格规定电影所载有内容，并赋予电影审查委员会删减电影片段的权力，导致电影的长度和内容受到限制，缺乏市场竞争力。根据有关数据显示，在2003年至2004年底，全国共生产320部影片，其中只有100多部进行了院线放映，其余200多部都无法进入院线放映；2005年全国院线上映的国产新片也只有125部，半数以上的影片没有机会进入影院。进口电影也必须获得审查委员会的核准，才能在中国影院放映，而且受到电影配额体系的限制。电影审查制度会影响电影产品的数量、内容和时长等，进而对该产品的可竞争性和可度量性特征造成扭曲，对电影产业的健康发展带来消极影响。

综上所述，从我国电影产业的发展历程来看，电影产品及服务的可竞争性和可度量性逐渐增强；政府角色也相应发生转变，主要呈现出由直接供给者向市场监管者、服务者、维护者转变的发展趋势。另外，从现阶段我国电影行业的具体措施来看，例如，行业准入限制和电影审批制度，都会对电影产业的交易特征造成扭曲现象。因此，我国政府必须以该产业的交易特征为基础，选择科学合理的角色定位；不恰当的政府措施将会扭曲其可竞争性和可度量性的特征，进而影响产业健康发展。

---

① 《2014年我国电影制作与发行业市场化程度、进入壁垒及经营状况分析》，2014年7月16日，中国产业信息网（http://www.chyxx.com/industry/201407/265086.html）。

第七章　我国文化产业发展中的政府角色定位

第一节　转变传统观念，树立科学政府角色理念

政府应破除传统思想观念，树立科学政府角色理念。在文化产业发展过程中，我国政府往往过分强调文化产业的意识形态属性和社会公益属性，进而导致政府角色出现“错位”“越位”“缺位”等诸多问题，并成为影响我国文化产业发展的消极因素。因此，要求坚持科学的政府角色定位理念：第一，将交易费用作为政府角色定位的基本依据，基于文化产品及服务的可竞争性和可度量性特征进行类型划分，并针对不同的类型选择相应的制度安排和政府角色；第二，坚持社会效益与经济效益结合、短期效益与长远发展并重、权利与责任统一的基本原则；第三，坚持由管理为主转变为服务为主、由行政手段为主转变为经济手段和法律手段管理为主、由“无为而治”管理模式转变为“市场经济、有为政府”管理模式的基本方向。

一、基本依据

基于交易费用分析方法，政府应将交易费用大小作为角色定位的基本依据。根据文化产品及服务的可竞争性和可度量性的高低程度，可以将文化产业划分为三种不同的类型，即可竞争性和可度量性高、可竞争性和可度量性低、可竞争性和可度量性中等。而可竞争性和可度量性特征是影响

交易费用大小的主要因素，也是选择市场竞争供给或者公共部门提供的衡量维度。

对于可竞争性和可度量性高的文化产业类型，由于市场签约交易的成本低，应当以市场机制调节为主，由市场来提供该类文化产品和服务。此时，政府应该选择“守夜人”的角色定位，充分发挥市场配置资源的决定性作用，避免对市场造成直接干预。要求政府制定宏观的文化产业发展战略和规划，引导未来方向，突出发展重点，优化产业结构。要求政府完善文化产业政策体系，出台一系列财政、税收、金融、贸易、土地、人才等方面的优惠政策和鼓励政策，营造良好的政策环境和宽松的市场环境。另外，政府还应当作为文化市场的监管者：一是建立健全法律体系，规范文化市场发展；二是完善知识产权保护制度和文化产业版权保护制度，为生产者和创造者提供充分的激励机制和保护措施。

对于可竞争性和可度量性低的文化产业类型，由于市场供给存在较高的交易费用，应该由公共部门进行直接提供和控制。此时，要求政府作为这类文化产品和服务的直接供给者，在遵循成本收益原则的前提下提供公共文化产品和服务。另外，政府还要积极扮演推动文化产业社会组织发展的角色，在审批成立、人事管理、资金运营等方面为其提供良好的政策环境，充分发挥第三部门在回应社会公众多样需求和超额需求方面的比较优势。

对于可竞争性和可度量性中等的文化产业类型，政府主要是充当协调者的角色，推动市场、政府、社会组织协同供给。作为“协调者”角色，政府需要综合运用一系列政策工具，如管制、公私合作、补贴等，目的是扩大由市场提供文化产品和服务的范围。在这种情况下，政府的角色定位主要是文化产业政策和法律法规的制定者，以及文化企业资格审查、价格控制、质量标准等方面的管制者。另外，公私合作模式迅速在国内兴起，并成为政府鼓励社会资本进入文化市场、推动文化产业蓬勃发展的重要举措。

二、基本原则

第一，政府应坚持社会效益与经济效益结合的基本原则。文化产品具有特殊性，即文化产品兼具经济属性和社会属性。其中，经济属性主要体现为文化要素与资本要素相互结合，而且文化产品的生产、流通、消费等环节必须遵循市场规律。而社会属性主要体现为两个方面：一是文化产品源于社会现实，能够以直接或间接的形式反映时代特征，体现特定社会利益集团的诉求和意志；二是文化产品会对社会意识形态带来潜移默化的影响，产生其他产品无法比拟的社会效应。但是，我国政府过分重视文化产品的社会属性，侧重强调文化产品在宣传政治思想、稳定社会秩序、保护国家安全等方面的重要作用，而忽视了文化产业应发挥的经济效益。因此，在文化产业管理实践中，我国政府应处理好社会效益与经济效益之间的关系，必须在两者之间寻找适当的平衡点，充分认识到文化产业对于国民经济健康发展、产业结构升级优化的重要意义。这要求政府加快职能转变和角色转变，由“办”文化转变为“管”文化，由“运动员”转变为“裁判员”，减少对文化企业和文化市场的直接干预和微观管理，将更多的政府资源集中在制定文化产业战略和完善文化政策体系上，为文化企业提供良好的发展环境。

第二，政府应坚持短期效益与长远发展并重的基本原则。根据钻石体系理论：政府角色主要体现为政府制定的产业政策，而产业政策必须以长期地提高生产力为主要目标，通过发展人力资源和资本资源创造良好环境，刺激产业发展，鼓励科技创新。如果从短期效益出发，政府将只能认识到狭隘的、静态的竞争优势，选择不合理的政府角色，采取不恰当的政策工具，这样虽然能够在短期获得产业利益，但是对长期生产力发展有害。在文化产业发展过程中，我国政府往往缺乏长远的和系统的战略理念，忽视了文化产业政策对于长期提高文化生产力应具有的激励作用，以及在总体整合框架下不同文化产业政策之间的互动性和联合性。因此，政府应当遵循追求经济效益与发展文化生产力相结合的原则，进一步完善文化产业政策体系，建立健全法律法规和产权保护制度，动员更多社会资本和国外资本参与，鼓励更多优秀技术人员和管理人员进入。另外，政府应当加强文化产业政策制定的科学性和协调性，一是要保证文化产业政策能在特定情境下达到预期效果；二是要保证文化产业政策能在长期内发挥持续性作用；三是保证各个文化产业政策之间能实现多重整合的协同效应。

第三，政府应坚持权利与责任统一的基本原则。权责利原则是我国经济法的一项根本性原则，是社会主义市场经济条件下的一项基础性原则。其中，“权”是指文化企业及个体经营者的权利；“责”是指其所承担的经济责任，要求权利与责任保持一致，不能失衡、畸轻畸重，以免权重责轻诱发专权擅权，或者权轻责重让人畏缩不前。“利”是指文化企业及个体经营者通过生产劳动获得的经济利益，将利与权责问题联系起来，即通过引入物质激励机制，将利益问题与工作成效有机结合起来。权责重，成效显著，利就大；反之就小，要求经济实体承担不同程度的不同利益。从权责利的角度出发，政府应当转变传统观念，改变“文化即政治宣传工具”的错误观点，正确认识文化产业的经济属性，正确对待文化生产者的营利性行为。另外，政府应当切实保障文化企业及个体经营者追求经济利益的权利，创造自由的市场环境和宽松的政策环境，鼓励更多资本要素和人力要素进入文化市场，以推动文化产业健康发展。

三、基本方向

第一，从职能行使的性质来看，要从以管理为主转变为以服务为主。首先，应该增强政府服务意识，推动建设服务型政府，改进政府与文化企业、社会组织之间的关系模式，即由政府直接管理的“家长式”转变为多元治理的“互动式”。其次，在对文化企业进行管理时，政府应该尽量避免直接的行政干预，充分发挥文化企业的经营管理能力，努力实现自身角色的转变。具体来看，政府工作内容应该从热衷于“管、审、批”的干预型政府转变为致力于“扶、帮、助”的服务型政府，把工作内容集中到战略规划、经济调节、市场监管、区域协调、社会管理等方面上来，把工作任务转移到保护文化遗产和民族文化、保障公众基本文化权益、加强文化基础设施建设等方面上来。最后，在处理政府主体与社会组织之间的关系时，政府应该充分发挥社会中介组织的作用，弥补市场和政府的不足，强化社会自我管理能力，构建以自由平等为核心、以社会契约关系为特征的现代社会。对此，政府应大力发展文化产业领域的社会组织和行业协会，善于将部分公共文化职能转移出去，而自身则集中精力制定长远的战略规划。

第二，从政府管理的方式来看，要从以行政手段管理为主转变为以经济手段和法律手段管理为主。在我国文化产业发展过程中，尤其是在自发萌芽和初步形成阶段，政府多采取直接干预的行政手段，文化事业管理体制根深蒂固。例如：政府对文化艺术团体的经营活动、资金周转、人事安排等进行干预，导致这些团体缺乏独立自主性，无法适应竞争激烈的市场环境。又如：政府对“网吧”经营单位设置很高的准入门槛，并由文化行政管理部门、工商行政管理部门、公安机关、电信部门等进行联合管理和监督，这在很大程度上打击了“网吧”经营者的积极性。为推动管理方式转变，政府应做到以下几点：一是要从全面管理逐渐向重点管理过渡，改变目前对文化企业干预过多的现状，集中精力加强市场监管、健全市场规则，尤其是要完善文化产业以及主要行业的法律体系，建立健全知识产权保护制度；二是要从微观管理向宏观管理过渡，更多的是制定文化产业的战略规划和调控政策，通过间接的经济手段引导文化企业进行经营决策，加快培育文化中介组织和文化市场，建立开放、竞争、有序的文化市场体系，充分发挥市场在文化资源配置中的决定性作用。

第三，从文化产业的发展周期来看，要从“无为而治”管理模式转变为“市场经济、有为政府”管理模式。一般来说，产业发展周期主要包括萌芽期、发育期、成熟期、衰落期四个阶段，而且由于各个时期的产业发展特征存在差异，其对外部环境具有不同的要求。文化产业还具有自身的产业特征，例如：期初投入大、风险高，在资本周转率低、市场进入门槛高的情况下易出现垄断；具有“一项创意，多重使用”特性，会抑制创造性和积极性，市场潜力难以得到充分发挥。因此，在文化产业发展初期尤其需要政府采取“无为而治”的默许方式，鼓励和支持文化产业萌芽。在文化产业发育阶段，政府应适当介入，加强规划和引导，加快培育文化市场，营造推动文化产业健康发展的良好环境。而在文化产业成熟时期，政府应积极实施“走出去”战略和“国际化”战略，推动具有竞争优势的民族文化企业走出国门，引导本国文化产品和服务进入国际市场，提升国内文化市场的核心竞争力和国际影响力。

第二节　基于交易费用，准确选择政府角色定位

一、针对可竞争性和可度量性较高的文化产业类型

针对可竞争性和可度量性较高的文化产品及服务，政府应扮演“守夜人”角色，充分发挥市场配置资源的决定性作用。此时，政府主要是充当文化产业发展战略的制定者、市场环境和政策环境的营造者、文化市场的监督管理者。

（一）战略规划的制定者

战略规划对于文化产业的持续健康发展具有重要意义。如果政府能够制定科学合理的文化产业战略，那么将有利于推动文化产业的长期发展；相反地，如果政府制定战略缺乏应有的系统性和操作性，文化产业发展过程也会受到消极影响。作为战略规划的制定者，我国政府应该做到以下几点：

第一，文化产业战略制定必须优先考虑当地文化资源禀赋情况，即政府必须首先研究当地文化资源具有哪些优势和劣势，进一步分析当地是否适合发展文化产身优势，增强区域核心竞争力，并在全国范围内形成一批富有地域特色、具有发展潜力的文化产业基地。例如：上海市凭借自身的经济优势和人才资源，积极探索创意经济型文化产业发展模式，在动漫业、游戏业、旅游业等多个行业领域取得显著成就。如今，文化产业已经成为当地的支柱性产业，上海市文化产业发展在全国也属于领先地位。又如：西部地区具有独特的自然生态环境和人文社会环境，以及丰富的历史文化

和民族文化资源，在“一带一路”战略构想下，我国政府创新性地提出了《藏羌彝文化产业走廊总体规划》，在保护生态环境和传承民族文化的同时，带动西部地区经济发展。

第二，文化产业战略制定必须考虑当地文化产业布局。一方面，我国政府需要结合城市的自然和人文环境，遵循文化产业布局规律，建构合理的文化产业空间结构；另一方面，我国政府需要从产业园区建设的角度出发，统筹考虑如何发挥文化产业的波及作用和拉动作用，同时处理好产业园区间的关联性和互补性，避免重复建设和恶性竞争等问题。这样既能够有效发挥产业园区的集群效应和创新效应，带动文化产业及其相关产业发展；又能够推动城市规划建设，优化城市功能布局，营造具有创新意识和人文气息的城市环境。

第三，文化产业战略必须具有系统性和操作性。在考虑文化产业战略宏观性、长远性的同时，还需要考虑文化产业战略的具体性、阶段性和指标性。一方面，我国政府应该结合地域文化资源特征，借鉴国内和国外的文化产业发展经验，为当地文化产业发展提供宏观目标和方向引导。另一方面，我国政府还应该将战略目标具体化、阶段化和指标化。其中，目标具体化是文化产业战略具有可操作性的前提，能够将战略目标落实到文化产业发展实践中，目标阶段化和指标化是对文化产业战略的实施情况进行形成性评估和总结性评估的依据。

（二）发展环境的营造者。

文化产业发展和其他产业发展一样，需要营造具有效率的市场环境，要求政府遵循市场准入机制和价格机制，减少直接的行政干预。另外，由于文化产业具有利润弹性大和风险程度高的自身特征，更加需要政府在其发展初期提供宽松的政策环境，尤其是通过金融政策、税收政策和人才政策对文化市场进行调节，以发展人力资源和资本资源，并促进文化产业实现长期繁荣。

第一，我国政府应该为文化产业发展营造自由的市场环境，充分发挥市场在文化资源配置中的决定性作用，建立统一、开放、竞争、有序的现代文化市场体系。首先，要求政府根据文化产业发展规划制定和完善各项具体的方针政策，为文化市场发展提供良好的政策保障。其次，要求政府制定微观规章制度赋予企业实体独立的经营地位，引导和规范经营主体的行为。另外，市场进行有效地配置资源主要体现为两点：一是通过相对价格的变动显示需求的变化；二是通过市场的进入或退出调度资源、调整供给。这要求政府制定市场准入、市场竞争、市场退出等有关规则，遵循价格机制和价格规律，减少对文化市场价格的行政干预，确保文化企业在公平、公正、公开的基础进行竞争。尤其是在文化市场的准入机制和价格机制方面，我国政府应当借鉴美国和英国的成功经验，尽量减少直接的行政干预。例如：美国没有设置专门机构管理文化产业，而是实行“无为而治”的管理模式。对于营利性质的文化企业和机构，政府不会对其微观事务进行直接干预，而是致力于创造宽松的外部环境和严格的法律保障。又如：英国政府通过经济手段和法律手段对文化产业进行间接管理，避免通过行政手段施加直接干预。在出版行业，英国政府不对任何文化企业设置准入门槛，而是通过出台一系列法律、法规，如《版权法》《淫秽出版物法》《数据保护法》等，并综合运用税收、补贴、罚款等经济手段提供配套措施。

第二，我国政府应该为文化产业发展营造宽松的政策环境，尤其是在文化企业的发展初期，起到降低企业经营成本和交易费用、推动文化企业做强做大的作用。政府的优惠政策主要包括金融、税收、财政、人才、贸易、土地等方面，其中金融、税收、人才政策尤为重要，能够发挥资本资源和人力资源的作用。

在金融政策方面，我国政府应推动多元化投资、金融市场融资、倾斜性金融信贷政策等，逐步形成投资主体多元化、投资方式多样化、融资渠道社会化、项目建设市场化的文化产业发展新格局。[①] 我国政府还应不断改善融资环境，拓宽融资渠道。一方面，建立和保障文化企业融资服务的主要渠道，制定适合文化企业特点的贷款资格条件和审批程序，并建立健全相应的信用保证制度。对中小型文化企业、科技型文化企业、少数民族地区和边远地区文化资源开发项目等提供贴息贷款。另一方面，积极鼓励和引导民间资本以股份制、合伙制、个体私营制等多种形式参与文化市场，逐步形成政府投入和社会投入相互补充、相互结合的格局，逐渐完善多渠道、多元化的文化产业投入机制。

在税收政策方面，我国政府应调整文化企业的税制结构和税收优惠方式，实行财政优惠、税金减免、差别税率等政策，充分体现国家的政策导向。第一，调整以生产型增值税为主的税制结构，实行税金减免和税收优惠政策，避免对文化产品和服务进行重复征税。文化产业属于知识经济和创意经济的范畴，而且文化企业的资产多体现为无形资产，例如，知识产权和品牌价值。但是，这些无形资产在纳税时无法进行抵扣，严重影响了文化生产者的积极性和创造性。因此，我国政府应借鉴一些发达国家的做法，对文化企业实行增值税抵扣或零增值税政策，降低文化企业的经营成本，同时引导文化企业加大科技创新投入。第二，优化文化企业的税收优惠方式，形成税后优惠和税前优惠结合、以税前优惠为主的税收优惠政策。税后优惠政策主要是对最终经营额的减免，强调的是事后利益让渡；而税前优惠政策主要是对税基的减免，强调的是事前调整，更加有利于调动文化企业进行创新开发的积极性。因此，政府应由侧重税后优惠向税前优惠

① 姚庆武：《政府在发展文化产业中的角色定位》，《理论观察》2009 年第 4 期。

转变，逐步完善税基式优惠政策，并逐步建立加速折旧、税前列支、投资抵免、研发费用加计扣除等多种优惠方式。第三，针对不同行业、地区、类型的文化产业制定差别税率政策，对于政府导向的文化事业或者社会效益较高的文化产品和服务，应实行低税率政策；对于少数民族地区和边远地区的文化企业，以及为儿童和农民服务的文化组织，也应给予税率上的优惠。

在人才政策方面，我国政府应建立健全有效的人才培养、引进和使用机制，不断改革收入分配和薪酬激励机制，大力发展人力资源为文化产业增强创新动力。英国将“文化产业”称为“创意产业”，就是为了强调创意性人才对于文化产业发展的重要意义，甚至可以说创意性人才是文化产业发展的核心要素和创新源泉。因此，我国政府应借鉴韩国和日本发展文化产业的经验，积极推动产学研平台建设，在文化企业与研究机构之间扮演协调者的角色，而且要充分利用当地大学园区的优秀人力资源，为文化产业的跨越式发展提供智力支持和人才支撑。另外，我国政府应不断完善税收支出政策，鼓励文化企业加大对创新人才的培养力度，为文化产业领域的管理人员和技术人员提供激励作用。例如，对于文化企业管理人员或者从事文化领域经营活动的工作人员，可实行一定的税收优惠政策；对于文化企业技术人员在研究开发方面的收入，可按应纳所得税实行减免优惠；对于其所获得的各类奖励和股权收益，可以实行免征所得税政策。

（三）文化市场的监管者

虽然文化产业发展需要充分发挥市场配置资源的决定性作用，但是政府作为市场监管者角色同样不可缺少，要求政府从完善法律法规、建立版权制度、加大执法力度等多个方面努力，为推动文化产业健康发展提供良好保障。

第一，我国政府要加快文化立法进程，通过法律形式来规范文化市场秩序，逐步建立起依法管理、依法经营、公平竞争的发展环境，推动文化产业实现健康有序地发展。目前，在推进文化产业法制化建设方面，我国已经取得一定的进展，初步制定了一些文化管理的法律法规，例如《专利法》《著作权法》《出版管理条例》《广播电视管理条例》《音像制品管理条例》等。但是，从已有的法律法规文件来看，仍然存在诸多问题。例如：首先，文化产业法律法规体系尚不完善，在很多领域留有空白，尤其是在信息网络安全和公共文化服务领域；其次，多数法律法规都是针对文化市场监管，而在文化产业长期规划方面，缺乏类似韩国《文化产业振兴法》的法律法规；最后，各项法律法规之间、中央法律法规与地方性法规之间缺乏协调性和互动性，导致出现不同法律之间相互矛盾、上位法与下位法之间出现冲突的现象。因此，我国政府需要加强对文化产业自身发展规律的研究，并借鉴国外文化产业发展经验，完善文化产业法律法规体系，而且这些法律法规必须适合文化产业长远发展，保证最终目标是发展文化生产力。另外，在立法过程中，政府要注意加强文化立法的可操作性以及和其他法规的协调性，要在不与中央法律法规相互冲突的前提下，立足本地实际研究制定各项有利于文化产业发展的法制法规。

第二，我国政府要加大对知识产权保护力度。从某种程度上说，文化产业是以创意为核心的产业，而知识产权保护是促进文化产业发展的重要基础。美国政府将“文化产业”称为“版权产业”，并致力于建立和完善版权保护制度，推动国内版权制度与国际版权贸易接轨，这为美国文化产业发展带来巨大的经济效益和社会效益。因此，我国政府应当进一步完善有关知识产权保护制度，按照有关法律保护文化企业的知识产权和技术市场，加大打击侵权的力度，采取专项治理的办法，坚决打击盗版、造假等侵权行为，有效地保护知识产权，整顿和规范文化产业市场秩序，保证文化产业生产者和创作者的积极性。另外，政府应当建立产权交易平台和完善产权交易体系，构筑产权流转顺畅和交易自由的平台，为企业投融资和产权交易提供高效、便捷和规范的服务。

第三，政府应该根据机构改革和职能转变的要求，建立统一协调的文化市场综合管理机制和完善的联席会议制度，加大文化稽查和文化执法力度，依法对文化市场进行监控与管理。一方面，中央文化产业管理部门要加快组织机构的整合，联合多部门建立协同治理的模式。例如，由知识产权主管部门与工商、文化执法、公安、海关等部门建立知识产权保护小组，共同治理文化市场违法行为，加大查处和打击盗版的力度。但是，在多部门联合治理模式下，必须重新界定文化、工商、公安、海关等部门在文化产业领域各自的权限和责任范围，为各个参与部门建立明晰的职能清单，避免在文化产业管理过程中出现缺位、错位、越位的问题。另一方面，知识产权主管部门还可以在文化产业园区或企业中设立“知识产权保护服务中心”，向文化企业和产业项目提供作品登记、版权代理、法律咨询、知识产权法律宣传教育培训和案件诉讼代理为一体的知识产权保护综合服务，文化企业也可以借此增强自主创新能力。

二、针对可竞争性和可度量性较低的文化产业类型

针对可竞争性和可度量性较低的文化产品及服务，进行市场交易所产生费用较高，应该由政府部门直接供给或者由社会组织提供。此时，政府角色定位在于公共文化产品和服务供给者，以弥补外部性所带来的市场不足现象。另外，政府还应作为社会组织的支持者，积极发展文化产业领域的志愿组织和行业协会。

（一）公共服务的供给者

公共文化服务具有公共物品属性，市场提供可能存在不足。此时，需要政府扮演公共文化服务供给者的角色，发挥其在建设公共文化基础设施、保护民族文化和传统文化、保障社会公众基本文化权益的职能作用。

第一，我国政府必须加快公共文化设施建设，建立诸如博物馆、音乐厅、美术馆、大剧院等基础设施，累积文化存量，催生文化企业。同时，搭建公共文化产业信息服务平台，建立相应的文化政务服务平台。因为各种行业信息的收集、整理与发布是政府对于产业发展所能提供的最基本的公共产品和服务。政府通过建立文化政务服务平台，可以向文化企业提供行业发展信息，还可以向社会公众提供公共文化服务信息。另外，政府应加快培训文化产业领域的专业人才，包括培训各种场馆设计、管理、运营专家，以及创作、演艺、表演等创意性人才，并为这些人才提供适当的资助金和工作环境。在这方面我国政府可以借鉴法国经验，向私营艺术团体提供资助，为知名艺术家建立个人工作室，对艺术院校学生颁发奖学金或提供生活资助等，以营造良好的文化艺术创作和发展氛围。

第二，我国政府应加大对文化遗产的保护力度，加强对传统文化和民族文化的传承和创新。一方面，政府要对文化遗产的维护和修复提供财政资助和技术保障，并将文化遗产保护职能落实到各地方，完善地方立法，建立管理机构。另一方面，我国政府应借鉴国外政府大力发展第三部门的做法，高度重视社会组织的补充作用，善于将部分公共文化职能转移给专门的社会组织，发挥其专业知识和技术的比较优势。例如：印度政府与社会组织之间形成良好的合作伙伴关系，并由文化部专门成立国家文化基金，对推动和传播传统文化、保护和传承民族文化、促进地方博物馆的社会组织进行直接资助。

第三，我国政府应切实保障社会公众的基本文化权益，不断提高人们的文化福利和生活质量。政府要采取多方面的措施促进文化普及活动，实施公共文化基础设施定期免费开放的政策，尤其是让社会地位、工资收入、居住地点处于劣势的人们拥有参与文化活动的机会。例如：法国政府强调“文化民主化”，要求公共文化设施和传统建筑定期向社会公众免费开放，并且致力于发展群众性文化活动场所，以保障社会公众的基本文化权益。另外，政府还要加大引导力度，积极引导群众改变传统的“重物质消费，轻精神消费”的消费观，提升大众对文化艺术的兴趣和水平，提高社会整体的文化消费水平。

（二）社会组织的支持者

在国外文化产业发展实践中，社会组织在政策制定、执行、评估等多个方面具有积极作用，是推动文化产业发展的重要主体之一。对此，我国政府应该创造自由宽松的政策环境，培育更多文化产业领域的非政府组织和非营利组织。

第一，我国政府应该转变传统观念，积极发展各种文化产业社会组织，鼓励和扶持这些组织承担起一部分公共文化职能，例如，文化信息咨询、文化产品评估检验、文化经济行业协会、文化经营资格审定、文化市场举报、文化政策评估等，充分发挥它们在维护行业权益、进行行业自律、制定行业标准、提供资格认证、规范文化市场、调节经营行为等方面的积极作用。[①]在文化产品与文化服务的生产者和消费者之间充当重要的“第三者”角色，实现文化治理模式由单一主体向多元主体转变，不断提高文化产业政策和决策的专业性和科学性。

第二，我国政府应该从转变管理方式，从组织成立、资金运营、人事

---

① 厉敏萍、衷小菊：《文化产业发展中的政府角色定位》，《生产力研究》2012年第9期。

管理、法律保障、政策优惠等多个方面鼓励文化产业社会组织发展。首先，建立健全独立自主的成立运营制度，逐步取消非营利性组织的行政许可批准制，减少行政部门对其人员配置、资金流转、业务范围等方面的直接干预。其次，综合运用法律手段和经济手段进行间接管理，推动完善非营利性文化组织相关的法律法规，对该类文化组织成立、运营、评价、监督、退出等各个环节加以规范。最后，引导、支持、发展中国特色的社会组织体系，尤其要对文化产业领域行业协会组织的发展给予高度重视。我国政府可以成立专门的办事机构或办事处室，专门负责社会组织的成立、管理、评价以及相关政策的研究制定，并对文化领域活动的社会组织提供资金资助和政策优惠。在文化行业协会组织方面，我国政府应该不断完善文化行业协会的成立和运行机制，逐步实现行业协会与政府职能部门脱离，逐渐按照市场经济要求、接轨国际规范，更好地发挥行业协会的代表职能、自律职能、服务职能，推动我国文化产业健康有序发展。

三、针对可竞争性和可度量性中等的文化产业类型

针对可竞争性和可度量性中等的文化产品及服务，政府应充当协调者角色，推动市场、政府、社会组织协同供给。作为“协调者”角色，政府还需要综合运用一系列政策工具，如管制、公私合作、补贴等，目的是扩大由市场提供文化产品和服务的范围。在这种情况下，我国政府尤其要发展公私合作模式，推动文化产品和服务供给主体多元化，促进文化产业繁荣发展。

“十三五”规划纲要提出：推动供给方式多元化，能由政府购买服务提供的，政府不再直接承办；能由政府和社会资本合作提供的，广泛吸引社会资本参与。在文化产业领域发展公私合作模式，其本质在于根据政府资

源及文化企业资源的比较优势，建立具有内在激励、降低交易费用的制度安排。一方面，关于如何选择有效的制度安排，需要对文化产品和服务进行分类，并根据其特征采取不同方式提供，综合运用业务外包、特许经营、定向委托、战略合作等多种方式。例如：对于有线和无线广播电视服务，政府可以通过特许经营方式，由具有专业技术和资金能力的文化企业提供；对于群众文化服务和文化研究服务，也可以通过合同外包方式，由文化艺术团体和研究机构提供相应的服务。另一方面，关于如何实现长期合作的制度安排，我国政府必须转变传统观念，积极发挥“杠杆效应”，利用自身资源优势吸引社会资源，创新公共文化服务招标制、外包制、购买制的市场竞争机制，建立风险共担、相互信任、长期合作的协调机制和激励机制，动员更多的文化企业和社会组织参与公共产品和服务提供。

结 语

将交易费用理论引入文化产业领域，探讨文化产业发展中的政府角色定位，是本书的主旨所在，也是本书的创新之处。

交易费用属于制度经济学的范畴，由诺贝尔经济学奖得主科斯于1937年提出。它可以从狭义和广义两个层面加以理解：从契约的狭义角度来看，交易费用是指市场交易过程中产生的所有费用，包括寻找交易伙伴的费用、收集价格信息的费用、签订契约并监督实施的费用等；从社会的广义角度来看，张五常提出交易费用就是“制度费用”，包括制度确立、运行、监督和创新等费用。可见，交易费用的大小是契约能否顺利达成、制度能否长期实行的决定性因素。谢佩德进一步将交易费用的影响因素概括为可竞争性和可度量性：可竞争性通过资产专用性来衡量，考虑企业进入和退出市场是否存在壁垒设置；可度量性通过交易频率和不确定性来衡量，考虑产品和服务的交易信息是否能够准确地表示。

从现有研究来看，交易费用理论还可以在以下几个方面进行探讨。第一，可以扩大研究范围。结合交易费用理论分析更为广泛的公共政策，甚至是更为普遍的社会问题。第二，可以聚焦研究问题。随着产品和服务市场纵深化和细分化的发展趋势日益明显，更加需要对一般市场的特定领域进行研究。第三，可以增加实证研究。已有研究多集中在交易费用理论的定性分析，需要更多地从微观角度测算交易费用，通过定量方法分析交易费用的影响因素。

本书关于我国文化产业发展中政府角色定位的研究，正是对交易费用理论的丰富。一方面，我们拓宽了文化产业领域的研究视野，创新性地引入交易费用分析方法，构建出文化产业发展中的政府角色模型。另一方面，为体现文化市场纵深化和细分化的发展趋势，我们选取了电影产业进行案例研究，重点分析了我国电影产业发展中的政府实践及其利弊。在实证研究方面，我们从统计年鉴、政府官方网站、文化产业发展报告等处收集数据，力求更加客观地说明我国文化产业发展情况，并反映出我国政府角色定位与文化产业发展之间的联系。

在本书中，我们将交易费用作为理论基础，并将交易费用大小作为我国文化产业发展中政府角色定位的依据。简单来说，如果通过文化市场交易的成本低，就应该发挥市场配置资源的决定性作用；如果政府直接供给的成本低，就应该由政府发挥主导作用，并辅之以志愿组织和行业协会。那么，如何科学界定市场和政府发挥作用的范围？为了回答这个问题，我们从文化产品及服务的可竞争性和可度量性特征出发，对文化产业类型进行连续划分，并提出相应的制度安排及其政府角色。对于可竞争性和可度量性高的文化产业，由市场提供交易费用更低，此时应该发挥市场作用，减少政府干预；对于可竞争性和可度量性低的文化产业，由公共部门提供交易费用更低，此时应该坚持政府主导，同时加强与第三部门的合作；而对于可竞争性和可度量性适中的文化产业，政府应该综合运用一系列政策工具，鼓励企业和社会协同供给。

当然，某种文化产品和服务的可竞争性和可度量性特征并不是固定的。随着科技发展和社会进步，其可竞争性和可度量性程度可能会发生转移，在这种情况下需要动态地调整制度安排、转变政府角色；同时，政府角色错位、越位、缺位等问题会使文化产业性质发生扭曲，进而导致文化产业发展出现弊病，此时同样要求政府树立科学理念，基于交易费用准确选择和调整角色定位。

交易费用无处不在，包罗万象，小到个人交际，大到国家制度。本书仅是从文化产业的角度切入，将交易费用理论与文化产业结合起来，探讨文化产业发展中的政府角色定位问题。本书中提出的基于交易费用分析的政府角色定位模型，并不局限于文化产业领域，它还能够延伸到其他更为广阔的领域，用于分析政府、市场、社会之间如何进行相互作用和影响，以实现节省社会交易成本、提高制度运行效率的最终目标。

参考文献

专著类：

1. [美]埃莉诺·奥斯特罗姆：《公共事物的治理之道》，上海译文出版社 2012 年 3 月版。

2. [美]E. S. 萨瓦斯：《民营化与公私部门的伙伴关系》，中国人民大学出版社 2002 年 6 月版。

3. [美]戴维·奥斯本：《改革政府》，上海译文出版社 2013 年 7 月版。

4. [美]哈维·S. 罗森：《财政学》，中国人民大学出版社 2009 年 9 月版。

5. [美]赫伯特·马尔库塞：《单向度的人》，上海译文出版社 2008 年 4 月版。

6. [美]拉奉特：《激励理论：委托代理模型》，世界图书出版公司 2013 年 1 月版。

7. [美]理查德·E. 凯夫斯：《创意产业经济学——艺术的商业之道》，新华出版社 2004 年 5 月版。

8. [美]迈克尔·波特：《国家竞争优势》，中信出版社 2012 年 8 月版。

9. [美]米尔格罗姆：《经济学、组织与管理》，经济科学出版社 2004 年 1 月版。

10. [美]威廉姆森：《企业的性质：起源、演变和发展》，商务印书馆

2007 年 2 月版。

11. [美]珍妮特·V. 登哈特:《新公共服务》，中国人民大学出版社 2010 年 8 月版。

12. [英]达霖·格里姆塞等:《公私合作伙伴关系：基础设施供给和项目融资的全球革命》，中国人民大学出版社 2008 年 4 月版。

13. [英]雷蒙德·威廉斯:《漫长的革命》，上海人民出版社 2013 年 1 月版。

14. [英]雷蒙德·威廉斯:《文化与社会》，北京大学出版社 1991 年 12 月版。

15. [英]迈克尔·博兰尼:《自由的逻辑》，吉林人民出版社 2011 年 1 月版。

16. [英]特雷·伊格尔顿:《二十世纪西方文学理论》，北京大学出版社 2007 年 1 月版。

17. 毕佳、龙志超:《英国文化产业》，外语教学与研究出版社 2007 年 4 月版。

18. 蔡尚伟:《文化产业政策与法规》，复旦大学出版社 2006 年 4 月版。

19. 陈杰、闵锐武:《文化产业政策与法规》，中国海大出版社 2012 年 6 月版。

20. 陈少峰:《中国文化产业十年》，金城出版社 2010 年 1 月版。

21. 顾江:《文化产业经济学》，南京大学出版社 2007 年 6 月版。

22. 韩骏伟、胡晓明:《文化产业概论》，中山大学出版社 2009 年 9 月版。

23. 何敏:《文化产业政策激励与法治保障》，法律出版社 2010 年 12 月版。

24. 侯聿瑶:《法国文化产业》，外语教学与研究出版社 2007 年 4 月版。

25. 胡慧林:《文化产业学》,高等教育出版社 2006 年 8 月版。

26. 黄虚峰:《文化产业政策与法律法规》,北京大学出版社 2013 年 8 月版。

27. 姜锡一:《韩国文化产业》,外语教学与研究出版社 2009 年版。

28. 蒯大申:《2014:激发上海文化创造活力》,社会科学文献出版社 2014 年 1 月版。

29. 李季:《世界文化产业地图》,中国建筑工业出版社 2014 年 6 月版。

30. 李琨:《促进文化产业发展的财税政策研究》,中国税务出版社 2013 年 9 月版。

31. 李炎、陈曦、王莹:《世界文化产业发展概况》,云南大学出版社 2014 年 10 月版。

32. 林拓、李惠斌、薛晓源:《世界文化产业发展前沿报告(2003—2004)》,社会科学文献出版社 2004 年 4 月版。

33. 卢现祥、朱巧玲:《新制度经济学》,北京大学出版社 2012 年 7 月版。

34. 牛维麟:《国际文化创意产业园区发展研究报告》,中国人民大学出版社 2007 年 9 月版。

35. 欧阳坚:《文化产业政策与文化产业发展》,中国经济出版社 2011 年 6 月版。

36. 欧阳友权:《文化产业通论》,湖南人民出版社 2006 年 3 月版。

37. 祁述裕:《中国文化产业国际竞争力报告》,社会科学文献出版社 2004 年 8 月版。

38. 盛洪:《现代制度经济学(上卷)》,北京大学出版社 2003 年 5 月版。

39. 盛洪:《现代制度经济学(下卷)》,北京大学出版社 2003 年 5 月版。

40. 孙有中:《美国文化产业》,外语教学与研究出版社 2007 年 4 月版。

41. 唐坚:《文化产业经济学》，对外经济贸易大学出版社 2015 年 9 月版。

42. 王俊豪:《政府管制经济学导论》，商务印书馆 2001 年版。

43. 王琳:《文化创新视角下的中国文化产业战略》，天津社会科学院出版社 2012 年 9 月版。

44. 吴锡俊:《文化产业政策设计与政府职能转变》，北京联合出版公司 2014 年 11 月版。

45. 席恒:《利益、权力与责任 公共物品供给机制研究》，中国社会科学出版社 2006 年 12 月版。

46. 夏书章:《行政管理学》，中山大学出版社 2013 年 6 月版。

47. 熊澄宇:《文化产业研究战略与对策》，清华大学出版社 2006 年 5 月版。

48. 熊澄宇:《世界文化产业研究》，清华大学出版社 2012 年 3 月版。

49. 徐浩然:《文化产业管理》，社会科学文献出版社 2006 年 7 月版。

50. 张讴:《印度文化产业》，外语教学与研究出版社 2007 年 4 月版。

51. 张廷兴:《中国文化产业概论》，中国广播电视出版社 2008 年 12 月版。

52. 张维迎:《博弈论与信息经济学》，上海人民出版社 2004 年 11 月版。

53. 张维迎:《产权・激励与公司治理》，上海人民出版社 2014 年 6 月版。

54. 张晓明、王家新、章建刚:《中国文化产业发展报告（2012—2013）》，社会科学文献出版社 2013 年 3 月版。

55. 张晓明、王家新、章建刚:《中国文化产业发展报告（2014）》，社会科学文献出版社 2014 年 4 月版。

56. 张晓明、王家新、章建刚:《中国文化产业发展报告（2015—

2016)》，社会科学文献出版社 2013 年 3 月版。

57. 周鸿铎:《传媒经济导论》，经济管理出版社 2003 年 5 月版。

期刊类：

1. 安体富、张新:《关于促进我国文化产业发展的财税政策研究》,《经济研究参考》2012 年第 52 期。

2. 陈昌勇:《费斯克两种经济理论对大众文化研究的启示》,《太原师范学院学报》(社会科学版) 2006 年第 6 期。

3. 陈慧平:《伯明翰学派"大众文化"的三大特征及其借鉴意义》,《国外社会科学》2014 年第 3 期。

4. 陈力丹、林羽丰:《继承与创新：研读斯图亚特·霍尔代表作〈编码/解码〉》,《新闻与传播研究》2014 年第 8 期。

5. 陈立旭:《大众文化研究：另一种视野——费斯克大众文化理论研究审视》,《中国文化产业评论》2008 年第 1 期。

6. 陈立旭:《当代中国文化产业发展历程审视》,《中共宁波市委党校学报》2003 年第 3 期。

7. 陈少峰:《区域文化战略与文化产业模式创新》,《特区实践与理论》2006 年第 3 期。

8. 陈文旭:《阿多诺"文化工业"批判理论及其启示》,《北京交通大学学报》(社会科学版) 2014 年第 1 期。

9. 陈艳敏:《多中心治理理论：一种公共事物自主治理的制度理论》,《新疆社科论坛》2007 年第 3 期。

10. 邓安球:《论文化产业概念与分类》,《湘潭大学学报》(哲学社会科学版) 2008 年第 5 期。

11. 丁煌:《当代西方公共行政理论的新发展——从新公共管理到新公

共服务》,《广东行政学院学报》2005 年第 6 期。

12. 董承华、刘汉峰:《论中国文化创意产业发展中的政府定位》,《北京社会科学》2013 年第 2 期。

13. 杜智民、雷晓康:《我国文化产业发展的困境分析及战略应对》,《中国行政管理》2010 年第 6 期。

14. 段吉方:《综合与超越 : 特里 · 伊格尔顿的意识形态研究及其理论贡献》,《文艺理论研究》2010 年第 6 期。

15. 方雪梅:《法国文化产业的发展模式及其启示》,《湖南科技大学学报》(社会科学版)2015 年第 1 期。

16. 盖宏伟:《文化产业集群治理结构、机制与策略研究》,《湖北社会科学》2010 年第 10 期。

17. 高书生:《我国文化产业发展的总体状况和主要特征》,《经济与管理》2015 年第 3 期。

18. 顾丽梅:《新公共服务理论及其对我国公共服务改革之启示》,《南京社会科学》2005 年第 1 期。

19. 郭永航:《国外区域文化产业发展战略对我国的启示》,《湖北社会科学》2009 年第 10 期。

20. 韩美群:《当代西方文化产业区域发展模式评析》,《国外社会科学》2009 年第 6 期。

21. 胡惠林:《当前我国文化产业发展的特点与趋势》,《开发研究》2006 年第 1 期。

22. 胡惠林:《国家文化安全 : 经济全球化背景下中国文化产业发展策论》,《学术月刊》2000 年第 2 期。

23. 胡惠林:《论文化产业的属性与运动规律》,《上海交通大学学报》(哲学社会科学版)2007 年第 4 期。

24. 胡惠林:《论中国文化产业发展的"走出去"战略》,《思想战线》2004 年第 3 期。

25. 胡惠林:《区域文化产业战略与空间布局原则》,《云南大学学报》(社会科学版)2005 年第 5 期。

26. 花建:《"走出去":中国文化产业的必由之路》,《社会观察》2005 年第 4 期。

27. 黄斌:《全球化语境下的文化产业与政府职能转变》,《学术研究》2001 年第 11 期。

28. 黄小勇:《新公共管理理论及其借鉴意义》,《中共中央党校学报》2004 年第 3 期。

29. 黄永林:《中国文化产业发展战略的历史选择及其特征与经验》,《同济大学学报》(社会科学版)2015 年第 5 期。

30. 江凌:《近十年中国文化产业政策的基本类型分析》,《江南大学学报》(人文社会科学版)2012 年第 1 期。

31. 江凌:《中外文化产业政策基本特征比较》,《福建论坛》(人文社会科学版)2010 年第 12 期。

32. 金春:《西方文化产业发展的政府角色定位借鉴》,《经营管理者》2014 年第 17 期。

33. 金莲:《新公共管理理论与新公共服务理论对我国政府改革的启示》,《企业研究》2011 年第 8 期。

34. 介明菊:《论文化产业发展中政府职能的转变》,《管理学刊》2010 年第 3 期。

35. 孔东民、刘莎莎、王亚男:《市场竞争、产权与政府补贴》,《经济研究》2013 年第 2 期。

36. 赖丹:《文化产业的特征与功能探析》,《科技广场》2009 年第 10 期。

37. 来有为、黄斌、张晓路:《我国文化产业的发展特征与“十三五”期间的发展趋势》,《发展研究》2016 年第 1 期。

38. 李彪:《文化产业概念的演变及其基本特征分析》,《湖南科技学院学报》2009 年第 9 期。

39. 厉敏萍、衷小菊:《文化产业发展中的政府角色定位》,《生产力研究》2012 年第 9 期。

40. 李平原:《浅析奥斯特罗姆多中心治理理论的适用性及其局限性——基于政府、市场与社会多元共治的视角》,《学习论坛》2014 年第 5 期。

41. 李蕊:《文化产业园发展模式及园区建设中的政府角色定位》,《商业时代》2014 年第 34 期。

42. 李松林:《论新公共服务理论对我国建设服务型政府的启示》,《理论月刊》2010 年第 2 期。

43. 厉无畏:《文化创意的产业化与产业创新》,《同济大学学报》(社会科学版)2009 年第 1 期。

44. 李岫:《文化产业的概念、特征与层次》,《科学社会主义》2014 年第 2 期。

45. 李阳:《长三角文化产业一体化进程中的政府角色定位》,《经济论坛》2010 年第 10 期。

46. 李云晖:《新公共管理理论对我国政府改革的启示》,《人民论坛》2011 年第 14 期。

47. 凌金铸:《版权与美国文化产业》,《皖西学院学报》2005 年第 3 期。

48. 刘华、张祥志:《政府在文化产业链创意端的角色与职能研究》,《出版发行研究》2014 年第 2 期。

49. 柳礼泉、张红明、黄艳:《主导与多元激荡下的调适与发展——改革开放以来我国社会主义文化建设的探索历程》,《湖南师范大学社会科学学报》2009年第4期。

50. 刘庆振:《文化产业化进程背后的风险资本》,《声屏世界》2015年第10期。

51. 刘睿:《我国文化产业发展的滞后与提升》,《学术交流》2012年第1期。

52. 刘向阳:《加快政府职能转变 推进文化产业发展》,《长沙铁道学院学报》(社会科学版)2004年第4期。

53. 刘晓芳:《全球化与我国文化发展战略的选择》,《学术交流》2003年第11期。

54. 刘艳红、韩国春、罗晓蓉、刘静、张亚卿:《对中国文化产业政策的探讨》,《云南师范大学学报》(哲学社会科学版)2006年第5期。

55. 柳云飞、周晓丽:《传统公共行政、新公共管理和新公共服务理论之比较研究》,《前沿》2006年第4期。

56. 吕彧、胡庆雄:《发展文化产业的政府角色——文化产业发展的对策分析》,《东南大学学报》(哲学社会科学版)2006年第1期。

57. 马国柱:《我国文化产业发展的战略思考》,《辽宁大学学报》(哲学社会科学版)2004年第5期。

58. 毛寿龙:《公共事物的治理之道》,《江苏行政学院学报》2010年第1期。

59. 穆宝江:《文化产业发展理论的主要流派及其观点评析》,《长春教育学院学报》2012年第5期。

60. 潘知常:《批判的视境:传媒作为世界(上)——西方传媒批判理论的四个世界》,《东方论坛》2007年第3期。

61. 彭程甸、刘绿丝:《科学发展观视野下政府职能转变的方向与途径》,《攀登》2009 年第 5 期。

62. 祁述裕:《我国文化产业发展的几个重要特点》,《山东社会科学》2009 年第 2 期。

63. 邱忠霞:《论中国政府文化管理体制创新——基于英国经验的研究》,《四川行政学院学报》2013 年第 3 期。

64. 任鹤淳:《韩国文化产业实况与发展政策》,《当代韩国》2004 年第 3 期。

65. 荣跃明:《文化产业:形态演变、产业基础和时代特征》,《社会科学》2005 年第 9 期。

66. 邵培仁、李梁:《媒介即意识形态——论法兰克福学派的媒介控制思想》,《浙江大学学报》(人文社会科学版)2001 年第 1 期。

67. 史瑞丽:《推动文化产业"走出去"问题研究》,《国际贸易》2007 年第 12 期。

68. 孙春波:《论我国文化市场与文化产业的互动发展》,《齐鲁艺苑》2005 年第 1 期。

69. 孙建成:《文化产业的特征与我国文化产业的发展》,《齐鲁学刊》2008 年第 5 期。

70. 孙景民:《从经济的视角审视文化——论美国文化产业理论》,《北京工商大学学报》(社会科学版)2006 年第 6 期。

71. 谭运进:《文化产业含义和特征研究述评》,《湖北第二师范学院学报》2013 年第 7 期。

72. 唐权、徐小媛:《中美文化产业发展过程中政府角色的比较研究》,《现代商贸工业》2012 年第 6 期。

73. 唐晓阳、王巍:《新公共服务理论及其对我国建设服务型政府的启示》,《岭南学刊》2009 年第 1 期。